JN096149

建築と
インテリアのための
Photoshop
＋
Illustrator
テクニック

2023対応
for Mac & Windows

ニチガスデザインチーム
長嶋竜一 著

X-Knowledge

本書をご利用になる前に必ずお読みください

● 本書の内容は、執筆時点（2023年4月）の情報に基づいて制作されています。これ以降に製品、サービス、URL、その他情報の内容が変更されている可能性がありますのでご了承ください。

● 本書は、パソコンならびにmacOSやWindowsの基本操作ができる方を対象としています。パソコンならびにmacOSやWindowsの基本操作については、別途市販の解説書などをご利用ください。

● 本書は、macOSのAdobe Creative Cloud（Adobe CC）2023に含まれているPhotoshop 2023、Illustrator 2023を使用して解説を行っています。ご使用のOSやソフトウェアのバージョン、環境設定の違いなどにより、画面や操作方法が本書と異なる場合がございます。

● 体験版をご利用の方は、アドビシステムズのWebサイト（https://www.adobe.com/jp/）からダウンロードしてください。なお、データ提供者（開発元・販売元等）、著作権者、当社では、体験版に関するご質問については一切受け付けておりません。

● 本書の利用に当たっては、インターネットから教材データをダウンロードする必要があります（P.11参照）。そのためインターネット接続環境が必須となります。

● 教材データを使用するには、Photoshop 2023、Illustrator 2023が動作する環境が必要です。それ以外のバージョンでの動作は保証しておりません。

● 本書に記載された内容をはじめ、インターネットからダウンロードした教材データ、プログラムなどを利用したことによるいかなる損害に対しても、データ提供者（開発元・販売元等）、著作権者、ならびに株式会社エクスナレッジでは、一切の責任を負いかねます。個人の責任においてご使用ください。

● OSやパソコンの基本操作、記事に直接関係のない操作方法、ご使用の環境固有の設定や特定の機器向けの設定といった質問は受け付けておりません。本書の説明内容に関するご質問にかぎり、P.232に記載の電子メールアドレス、FAX番号にて受け付けております。なお、電話でのお問い合わせは受け付けておりません。

● Adobe、Adobeロゴ、Adobe Photoshop、Adobe Illustrator、Creative Suite、Creative Cloudは、Adobe Systems Incorporated（アドビ システムズ社）の米国ならびに他の国における商標または登録商標です。

● 本書中に登場する会社名や商品名は一般に各社の商標または登録商標です。本書では®および™マークは省略させていただいております。

以上の注意事項をご承諾いただいたうえで、本書をご利用ください。ご承諾いただけずお問合せをいただいても、株式会社エクスナレッジおよび著作権者はご対応いたしかねます。予めご了承ください。

カバーデザイン	長 健司（kinds art associates）
編集協力・DTP	有限会社 EDITEX
印刷	シナノ書籍印刷株式会社

はじめに

　私は建築・インテリアパースの制作も行うインハウスデザイナーですが、その仕事のなかで、「プレゼン資料でこのような表現がしたいのだけれど、どうすればいいのかわからない」という質問を受けることがよくあります。PhotoshopやIllustratorを使用することはわかるけれども、具体的にどのように使うべきかがわからない、というのです。確かに、PhotoshopやIllustratorの解説書は数多くありますが、建築関連のプレゼン資料の作成に直接役立つテクニックという視点で見ると、該当するものはなかなか見つかりません。そこで、上記のような質問への回答として、本書の執筆を思い立ちました。

　本書では、PhotoshopとIllustratorの基本操作を行える方を対象として、建築プレゼンテーション用のシート（ボード）や資料の作成に役立つテクニックを紹介しています。私の実務経験を踏まえた内容になっていますので、実際の業務でのプレゼン資料作成はもちろん、建築デザインを学ぶ学生の課題資料作成などにも役に立つでしょう。本書で紹介するテクニックは、建築以外の分野の資料作成にも応用できます。

　本文の解説では、「この場面ではこうする」などと言い切っている部分がありますが、これは個々の作例についての記述であり、必ずこうしなければならない、といったことではありません。本書で紹介するのはあくまで基本のテクニックなので、その後は各々の自由な発想でプレゼン資料を作成していただきたいと思います。本書の内容が、皆さんのお役に立てば幸いです。

　最後に、執筆を快諾してくださった和田眞治会長（日本瓦斯株式会社）に心より感謝申し上げます。また、本書を手にとっていただいた読者の方々、制作を手伝ってくれた宮島紗英さん、制作に協力していただいた編集者の方々に深くお礼申し上げます。

長嶋竜一

撮影協力　　　江戸東京たてもの園

　江戸東京たてもの園は、1993年（平成5年）3月28日に開園した野外博物館です。
　都立小金井公園の中に位置し、敷地面積は約7ヘクタール、園内には江戸時代から昭和初期までの、29棟の復元建造物が建ち並んでいます。同園では、現地保存が不可能な文化的価値の高い歴史的建造物を移築し、復元・保存・展示するとともに、貴重な文化遺産として次代に継承することを目指しています。

●所在地	〒184-0005　東京都小金井市桜町3-7-1（都立小金井公園内） TEL 042-388-3300（代表）
●開園時間	4月〜9月:午前9時30分〜午後5時30分 10月〜3月:午前9時30分〜午後4時30分 ※入園は閉園時刻の30分前までとなっています。
●休園日	毎週月曜日（月曜日が祝日または振替休日の場合は、その翌日） 年末年始（12月28日〜1月4日）
●入園料	一般:個人400円／団体320円 65歳以上の方:個人200円／団体160円 大学生（専修・各種含む）:個人320円／団体250円 高校生・中学生（都外）:個人200円／団体160円 中学生（都内在学または在住）・小学生・未就学児童:無料

目次

第1章　　建築ビジュアルを作るための基礎知識　13

第2章　　「図面」に使えるテクニック　25

第 **3** 章　　　　　「建築写真」に使えるテクニック　**75**

本書について

ページの構成

本書の第2章以降のテクニック紹介ページは、次のような構成になっています。読み進めるうえでの参考にしてください。

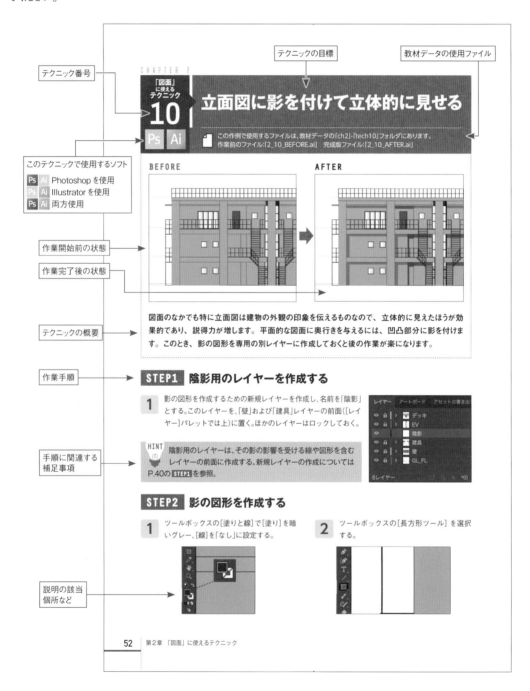

本書が対応しているソフトウェアのバージョン

本書の内容は、macOS版のAdobe Creative Cloud 2023年版に含まれているPhotoshop 2023、Illustrator 2023に基づいています。Windows版では、メニューやオプションの名称、機能の詳細、画面表示に異なる部分があります。また、旧バージョンのPhotoshop、Illustratorを使用したときや、今後のアップデートで機能の変更があった際は、本書の手順通りに進まない場合があるので予めご了承ください。

本文中の表記

本文中では、次のような表記規則を使用しています。

Photoshop／Illustratorの画面上の用語

メニュー名、ボタン名、ダイアログボックス名など、Photoshop／Illustratorの画面上に表示される用語は、[　]で囲んで表記します。

例1：メニューから[編集]→[コピー]を選択する。

例2：[ラフ]ダイアログで図のように設定し、[OK]をクリックする。

マウス操作

マウスを使った操作については、次のような表現を使用しています。

操作	説明
クリック	マウスのボタンを押し、すぐにボタンを放す。
プレス	マウスのボタンを押し下げる。
ドラッグ	マウスのボタンを押し下げたままマウスを移動し、移動先でボタンを放す。

キー操作

ショートカットキーなどのキーボードのキー名は、[shift]のような囲み付きで表記します。また、本書の解説にはmacOS版を用いていますが、Windows版で操作する人のために、[command]/[Ctrl]キーというようにmacOS版のキー/Windows版のキーの順で併記してあります。参考までに、macOSとWindowsのキーの読み替えを次の表にまとめておきました。

macOSのキー	Windowsのキー
[option]	[Alt]
[command]	[Ctrl]
[delete]	[Delete]
[shift]	[Shift]

なお、次のような記述の場合は、[command]または[Ctrl]キーを押しながら[Z]キーを押すことを意味します。

例：[command]＋[Z]キー/[Ctrl]＋[Z]キー

本書で使用する作業画面

　本書に掲載する画面は、Photoshop／Illustratorの初期インターフェイスである初期設定ワークスペースを基本とします。初期設定の画面は各パネルが閉じた状態（アイコンパネル）になっていますが、本書では、常にパネルを展開した状態の画面を掲載しています。

　パネルを開くには、パネル上部の［パネルを展開］ボタンをクリックします（Photoshop／Illustrator共通）。

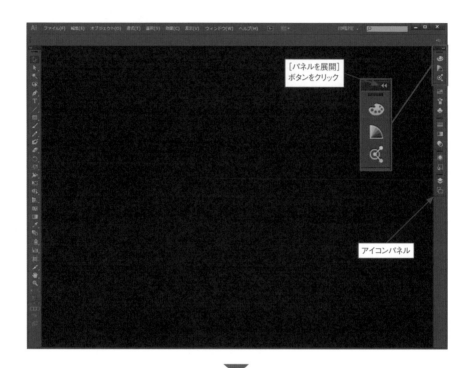

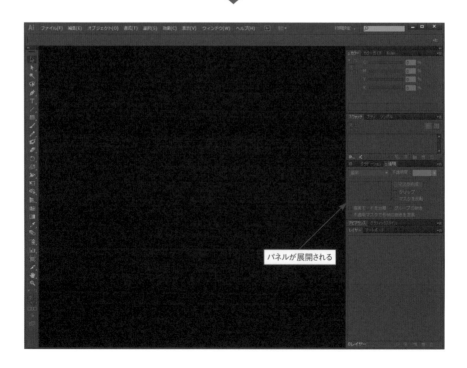

教材データのダウンロードについて

　本書を使用するにあたって、まず解説で使用する教材データをインターネットからダウンロードする必要があります。

■ 教材データのダウンロード方法

- Webブラウザ（Safari、Microsoft Edge、Google Chrome、Firefox等）を起動し、以下のURLのWebページにアクセスしてください。

https://www.xknowledge.co.jp/support/9784767831435

- 図のような本書の「サポート&ダウンロード」ページが表示されたら、記載されている注意事項を必ずお読みになり、ご了承いただいたうえで、教材データをダウンロードしてください。

- 教材データはZIP形式で圧縮されています。ダウンロード後は解凍して、デスクトップなどわかりやすい場所に移動してご使用ください。
- 教材データを使用するには、Photoshop 2023、Illustrator 2023が動作する環境が必要です。それ以外のバージョンでは、本書の手順通りに作業できない場合があります。
- 教材データに含まれるファイルやプログラムなどを利用したことによるいかなる損害に対しても、データ提供者（開発元・販売元等）、著作権者、ならびに株式会社エクスナレッジでは、一切の責任を負いかねます。
- 動作条件を満たしていても、ご使用のコンピュータの環境によっては動作しない場合や、インストールできない場合があります。予めご了承ください。

教材データの収録内容

本書で紹介するテクニックを実際に試していただけるように、各テクニックで使用するファイルと完成版のファイルを教材データに収録してあります。フォルダは章ごと、テクニックごとに分かれています。

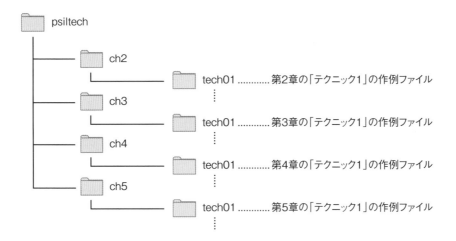

ファイル名のルール

ファイル名は原則として次のルールに従っています。

特に説明がない場合は、「BEFORE」という名前のファイルが、各テクニックのスタート時点のファイルとなります。ほかの名前のファイルを使用する場合は、本文に明記しています。

収録ファイルの形式

教材データに収録されているファイルは、ファイル形式に応じてPhotoshop 2023、Illustrator 2023で使用することを基本としています。macOSとWindowsのどちらでも利用できるようになっています。2023以外のバージョンで使用できる場合もありますが、本書で解説している動作の保証は致しかねますので予めご了承ください。

第 1 章

建築ビジュアルを
作るための基礎知識

美しいプレゼン資料を作成するためには、画像の解像度、カラーモード、データの種類、
PhotoshopとIllustratorの特徴などをよく理解しておくことがまず必要です。この章で
は、制作に取りかかる前に知っておくべき基礎知識を解説します。

1 画像の解像度

画像解像度は、画像のきめ細かさを決定する大切な要素です。特に画像を構成するピクセル数は重要で、この値が大きい（高解像度）ほど画像がきめ細かくなりますが、データ容量が増えるので、必要以上に大きくせず適切な解像度にします。

● 画像解像度の確認方法

　画像の解像度は、画像を構成するピクセル数と、ドキュメント（印刷）サイズの関係を、ppi（pixel per inch）という単位で表したものだ。ppiは「1インチあたりのピクセル数」の意で、ppiの値が大きいほど画像がきめ細かくなる。美しい印刷結果が必要とされる場合は、解像度の高い画像を使用する。ただし、必要以上に解像度を高くするとファイル容量が増加してしまうので、相応の解像度にする。

> **HINT**　解像度を表す際に、dpi（dot per inch）という単位を使用する場合もある。dpiは、「1インチあたりのドット数」の意である。ppiとdpiは厳密には異なる単位だが、ほぼ同じような意味で用いられることが多い。Photoshopでは画像解像度をppiで表現するので、本書でもppiを使用する。

　画像解像度を確認するには、Photoshopで画像ファイルを開き、メニューから［イメージ］→［画像解像度］を選択する。実際に印刷するサイズ（幅と高さ）で、［画像解像度］ダイアログの［解像度］の値が200ppi以上あれば、印刷に適した画像といえる。

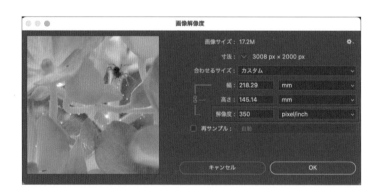

> **HINT**　一般的なインクジェットプリンタで高品質出力する場合は、150～240ppiもあれば十分きれいに印刷できる。筆者の場合、インクジェットプリンタ出力するための3Dパース画像ならば200ppi程度に設定することが多い。

● Photoshopの［画像解像度］ダイアログ

本書では、Photoshop 2023の［画面解像度］ダイアログを使用して解説を進める。

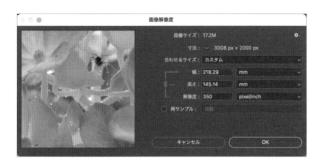

［画面解像度］ダイアログの各オプションの機能は次のとおり。

- **［寸法］**

  画像の大きさを表す。この寸法は［幅］／［高さ］と［解像度］の値によって変化し、直接編集することはできない。▽をクリックすると、単位を［pixel］［inch］［mm］などから選択できる（本書では［pixel］を選択）。［寸法］の単位を［幅］／［高さ］とは異なる単位に設定すると、画像のピクセル数と物理的な寸法との関係性を確認しやすい。

- **［合わせるサイズ］**

  変更後のサイズ（A4、レターなど）を一覧から選択できる。よく使用されるサイズはあらかじめ一覧に用意されているが、独自のサイズを保存することも可能。［幅］／［高さ］を指定して手動で画像サイズを変更する場合は、特に［合わせるサイズ］を選択する必要はない。ちなみに手動で変更した後に［オリジナルのサイズ］を選択すると元のサイズに戻るので便利だ。

- **［幅］／［高さ］**

  画像のサイズを表し、ここで画像の幅および高さの値を直接編集できる。右側のドロップダウンをクリックすると、単位を［pixel］［inch］［mm］などから選択できる（本書では［mm］を選択）。サイズを変更する際に、［再サンプル］（後出）にチェックが入っていると、解像度は変わらずにピクセル数が増減する。［再サンプル］にチェックが入っていないと、ピクセル数は変わらずに解像度が増減する。

- **［解像度］**

  画像の解像度（ppi）を表す。画像のサイズ（mmなどの物理的な寸法）が同じ場合は、解像度が高いほどきめ細かい画像となり、低いほど粗い画像となる。［解像度］の値を編集する際に、［再サンプル］にチェックが入っていると、ピクセル数が増減する。［再サンプル］にチェックが入っていないと、サイズ（mmなどの物理的な寸法）が増減する。

- **［再サンプル］**

  アップサンプリング（ピクセルの間を補間する処理）の方法を選択する。通常、ピクセル数の少ない画像を拡大すると画像が粗くなってしまうが、［ディテールを保持（拡大）］を選択することで劣化の少ない画像を生成できる（Photoshopの古いバージョンでは、［バイキュービック法（滑らかなグラデーション）］を選択するとよい）。拡大しない場合は、［自動］のままでよい。［再サンプル］にチェックを入れるかどうかで、ピクセル数、物理的なサイズ、解像度のどの数値が調整されるかが変わってくる。

ドキュメントサイズと解像度の関係

ドキュメント（印刷）サイズと解像度の関係を、具体的な例で見てみよう。

ドキュメントサイズが同じで解像度が異なる画像

次の画像Ａ とＢ は、同じ印刷サイズだが、解像度が異なる（Ａ は72ppi、Ｂ は350ppi）。

Ａ 72ppiの場合

Ｂ 350ppiの場合

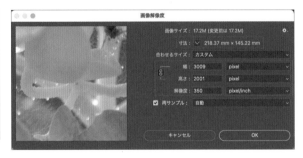

Ａ とＢ は同じサイズで印刷される。しかし画面で拡大してみると、Ａ はピクセル数が少なく解像度が低いためジャギー（ギザギザ感）が目立つ。一方、Ｂ はピクセル数が多く解像度が高いため画像のきめが細かい。

また、Ａ のように元々ピクセル数が少ない画像に対し後から解像度を高くしても、ジャギーはやや目立たなくなるものの、ぼやけてしまうのであまり意味がない。

解像度は高いほどよいわけではなく、印刷サイズや用途（メディア）によって適切に指定する。たとえば、Web に掲載する画像の場合、ディスプレイの解像度（72ppiや96ppi）で表示させるため、72ppiのＡ のほうが適切である。Ｂ は必要以上に解像度が高いため容量も大きく、Web用の画像としては向かない。

次の図は、解像度は350ppiと同じだが、ピクセル数が異なる画像 **C** (2067×1374ピクセル)と **D** (619×411ピクセル)をIllustratorに配置した作例である。

ピクセル数が少ないため、解像度は同じでも **D** のほうが小さいサイズで配置される。Illustrator上で **D** を **C** と同じサイズに拡大すると、ジャギーが生じたり、ぼやけてしまったりして、適切な状態にならない。

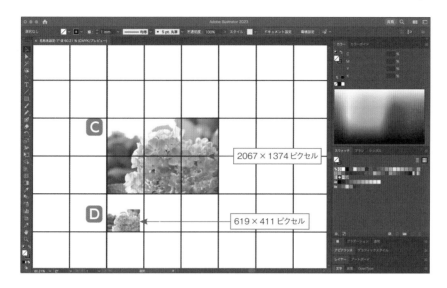

画像解像度とサイズの変換

現在の解像度を維持したまま画像サイズを縮小するには、Photoshopで[画像解像度]ダイアログの[再サンプル]にチェックを入れて[自動]を選択し、[幅]／[高さ]を小さく調整する。それに伴い、[寸法]も変化する。

HINT　この方法で画像を拡大することも可能だが、画像が劣化するので基本的にはお勧めしない。Photoshopでは、拡大時のアップサンプリング技術が向上しているため、[再サンプル]にチェックを入れて[ディテールを保持(拡大)]を選択すれば、比較的劣化の少ない拡大画像を生成できる。

画像サイズの拡大

画像のサイズを拡大するには、Photoshopで[画像解像度]ダイアログの[再サンプル]のチェックを外して、[幅]／[高さ]を大きく調整する。この場合、[寸法]が固定された状態のままドキュメントサイズが大きくなるので、[解像度]の値は小さくなる。

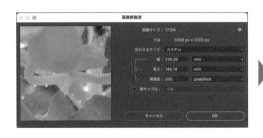 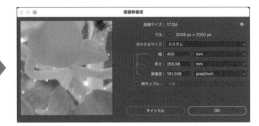

 HINT この方法では、画像の劣化は起きない。ただし、印刷する際の解像度が低くなりすぎると印刷品質が悪くなるので注意する。

● 画像解像度の変更

画像解像度を変更するには、Photoshopで[画像解像度]ダイアログの[再サンプル]のチェックを外し、[解像度]に任意の値を入力する。それに伴い、[幅]／[高さ]も変化する。画像の保有するピクセル数は変化しないので、単純に[解像度]を低くすれば[幅]／[高さ]は大きくなり、[解像度]を高くすれば[幅]／[高さ]は小さくなる。

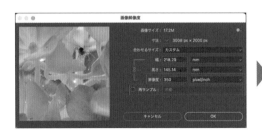 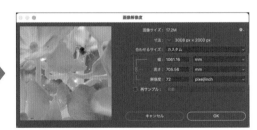

2 カラーモード（RGBカラー／CMYKカラー）

最終的に印刷する場合は、RGBとCMYKという2種類のカラーモードの基本を知っておく必要があります。特にインクジェットプリンタでの印刷ではなく、商業印刷や印刷所での特別な印刷を行う場合は、カラーモードをきちんと設定して色の調整をしなければなりません。

RGBカラーとCMYKカラー

• RGBカラー

赤（R）、緑（G）、青（B）の光の三原色を用いて色を表現する方法。光が重なるほど明るい色になる。三色が重なり合ったときが最も明るくなり、白になる。加法混色と呼ばれる。パソコンのディスプレイやテレビなどではこの方法で色を表現している。

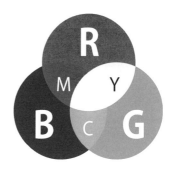

• CMYKカラー

シアン（C）、マゼンタ（M）、イエロー（Y）の色の三原色を用いて色を表現する方法。色が重なるほど暗い色になる。三色が重なり合ったときが最も暗くなるが、完全な黒にはならないため、黒（K）を追加した4色で表現する。減法混色と呼ばれる。印刷時にはこの方法で色を表現している。

　PhotoshopやIllustratorで作業をする場合、ディスプレイ上の色はRGBカラーで表示されるが、印刷時にはCMYKカラーのインクを使用することになる。そこで、ディスプレイ上の色と印刷時の色の誤差を少しでもなくすために、各カラーモードが用意されている。印刷用のデータを作成するときは、原則的にCMYKカラーモードを使用する。

カラーモードの切り替え

　Photoshopでカラーモードを変更するには、メニューから[イメージ]→[モード]を選択し、適切なモードを選択する。
　Illustratorでカラーモードを変更するには、メニューから[ファイル]→[ドキュメントのカラーモード]を選択し、適切なモードを選択する。

 HINT　商業印刷用のデータは必ずCMYKカラーモードで作成するが、一般的なインクジェットプリンタで印刷するデータの場合には、RGBカラーモードで作成してもかまわない。

3 ラスターデータとベクターデータ

画像の形式は、デジカメの写真画像などの「ラスターデータ」と、CADの図面データなどの「ベクターデータ」に分けられます。主にPhotoshopはラスターデータを、Illustratorはベクターデータを扱うソフトです。それぞれのデータ形式の特徴を知っておきましょう。

◗ ラスターデータ

　デジカメで撮影した写真などPhotoshopで扱う画像は、色情報を持つ四角形のピクセルの集合によって構成される「ラスターデータ」という形式である。ラスターデータのきめ細さは解像度（P.14参照）に左右される。解像度が低いほど画像は粗くなりジャギーが生じる。解像度が高いほど画像は精細になり階調が滑らかになる。

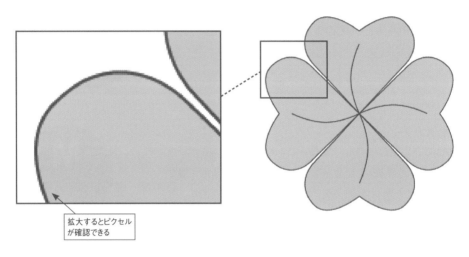

拡大するとピクセルが確認できる

◗ ベクターデータ

　Illustratorで描画されたパス（線）や、CADの図面などは座標点とそれらを結ぶ線によって構成される「ベクターデータ」という形式である。ピクセルの集合体であるラスターデータと異なり、拡大／縮小を繰り返しても画質は劣化せず、常に滑らかな線で表示される。

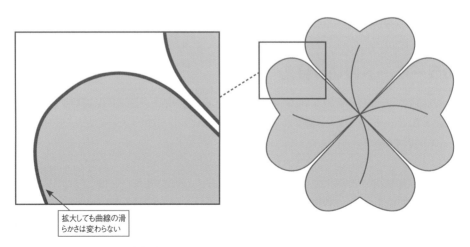

拡大しても曲線の滑らかさは変わらない

4 画像ファイル形式

Photoshop と Illustrator で使用できる画像や図面のファイル形式について解説します。それぞれの特徴を理解し、作業内容や目的に合わせて使い分けましょう。

画像ファイルの形式

画像ファイルには、さまざまな形式がある。ここでは、代表的な形式を紹介する。

ファイル形式	拡張子	特徴
JPEG	*.jpg *.jpeg	デジカメ写真などで広く利用されている画像ファイル形式。画像を圧縮することでファイル容量を小さくできるが、圧縮率を上げるにつれて画質が低下する。写真などでは効果的だが、ベタ塗りの多いイラストなどには不向きな場合がある。
TIFF	*.tif	非圧縮／圧縮を選択できる画像ファイル形式。非圧縮ではファイル容量が大きくなる。Photoshopのレイヤーを保持できるが、その場合もファイル容量が大きくなるので注意が必要。
EPS	*.eps *.epsf	画面表示用の低解像度データと印刷用高解像度データの両方を内部に持つ画像ファイル形式。DTP用途によく使われる。
GIF	*.gif	Web画像ではポピュラーな画像ファイル形式。最大256色までの画像を保存できる。可逆圧縮方式のため圧縮解除後も、同じ品質の画像を維持できる。ベタ塗りの多いイラストなどに向いているが、写真などの階調の多い画像には不向き。
PNG	*.png	GIF形式に代わる画像ファイル形式として開発された。GIF形式に比べ、高い圧縮率ながら画質が劣化しない。
BMP	*.bmp	Windowsが標準でサポートしている画像ファイル形式。非圧縮のためファイル容量は大きい。フルカラー（1677万7216色）までの色数を指定できる。
PSD	*.psd	Photoshopのファイル形式。レイヤーやパスなどPhotoshopでの作業状態をすべて保存できるがファイル容量は大きくなる。IllustratorではPhotoshopで指定した透明度も保持したまま開ける。
AI	*.ai	Illustratorのファイル形式。保存の際に対応バージョンを指定できる。
SVG	*.svg	ベクターデータの一種。イラストやアイコンなど平面的なビジュアルに適しており、Web用の画像フォーマットとしてよく用いられる。
DXF	*.dxf	CADで汎用的に使われている図面ファイル形式。多くのCADが書き出し／読み込みに対応している。Illustratorで読み込みが可能。

HINT 一般的なインクジェットプリンタで印刷するならば、圧縮された画像ファイルのJPEG形式で保存しても問題ない。しかし、商業印刷に使用する画像の場合は、できるだけ圧縮を行わない形式にしたほうがよい。画質にこだわるなら、TIFF形式かEPS形式を使用するとよいだろう。

5 PhotoshopとIllustratorの使い分け

PhotoshopとIllustratorはどちらもビジュアル表現の作成に役立つアプリケーションですが、用途や機能はそれぞれ異なります。それぞれの特徴を理解し、どのような作業にどちらを使用するかを知っておきましょう。

● Photoshopの機能と特徴

Photoshopは、主にラスターデータ(P.20参照)を扱う画像処理アプリケーションであり、撮影した写真の明るさ調整、コントラスト調整、色補正といった基本的な処理に加え、画像の合成、不要な人物や物体の消去、ノイズの除去、シャープネスの調整なども行うことができる。

Photoshop上でブラシなどを使ってイラストを作成することも可能だが、線を描くというよりは、写真を修正する、色を塗る(ペイントする)といった作業が主になる。そのため、トレースやロゴなどの作成には向いていない。

長所：写真(画像)の処理に長けている。水彩画など、さまざまな表現の効果を与えられる。
短所：歪みのない線などを作成することは難しい。

主な用途

● **画像の明るさ調整や色補正**

● **画像の合成や特殊効果の適用**

Illustratorの機能と特徴

Illustratorは、主にベクターデータ（P.20参照）を扱うドロー系のアプリケーションであり、主にイラストの作成に使用される。

Illustratorでは、パスを用いて滑らかではっきりとしたラインを表現できるので、トレースやロゴなどを含むイラストを作成できる。CADのように、数値入力による歪みのない線や図形の作成も可能だ。テキストの扱いも得意で、線や図形の位置を座標で指定できるため、プレゼンボードや書類をレイアウトする目的にも使用できる。

長所：座標やグリッドを用いた正確なレイアウトができる。精細な線によるドローイングが行える。
短所：写真（画像）の編集などの処理には向いていない。

主な用途

- **ドローイングや着色**

- **画像やイラスト、テキストのレイアウト**

プレゼンシート作成に見る使い分けの例

　IllustratorとPhotoshopを使用して作成したプレゼンシートの例を次に示す。図面、パース画像、写真を
IllustratorやPhotoshopでさまざまに加工し、最終的にIllustratorで1枚のプレゼンシートにまとめる。各工程で
使用したテクニックの解説ページを示しているので、参考にしていただきたい。

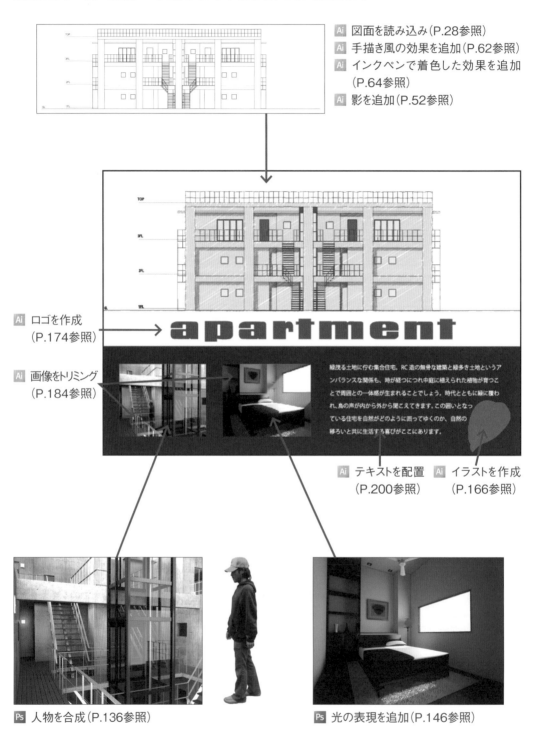

Ai 図面を読み込み（P.28参照）
Ai 手描き風の効果を追加（P.62参照）
Ai インクペンで着色した効果を追加
　　（P.64参照）
Ai 影を追加（P.52参照）

Ai ロゴを作成
　　（P.174参照）

Ai 画像をトリミング
　　（P.184参照）

Ai テキストを配置　　Ai イラストを作成
　　（P.200参照）　　　　（P.166参照）

Ps 人物を合成（P.136参照）

Ps 光の表現を追加（P.146参照）

「図面」に使える
テクニック

　プレゼンテーション用の図面を用意するときは、詳細を描き込むよりも、見やすい、楽しい、建築やインテリアのイメージが伝わりやすい、といった視覚的効果を重視したほうがよいでしょう。この章では、CADで作成した図面データをIllustratorに取り込み、図面に着色したり、グラデーション、歪み、ぼかしなどを適用することで、物件のイメージに合った表現を作成するテクニックを紹介します。

「図面」に使えるテクニック 1

CADの図面をIllustratorで開く①
CADでの前準備

Ps **Ai**

この作例で使用するファイルは、教材データの「ch2」-「tech01」フォルダにあります。
完成版ファイル:「PLAN.dxf」

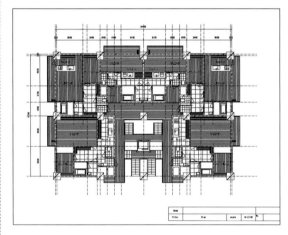

IllustratorはDXF形式に対応しているため、DXF形式で保存されたCADデータを開くことができます。しかし、多くのCADアプリケーション（以下、CAD）は、作業効率化のために各アプリケーション独自のデータ（シンボル、ハッチング、寸法線など）を保持しており、これらはIllustratorでは認識されない場合があります。そこで、あらかじめCAD上で問題が生じそうなデータを単純な線や図形に変換しておきます。

POINT1 寸法線、模様、ハッチング、シンボルデータなど

1 寸法線の引出線やマーカー類を、通常の線や図形に分解する。

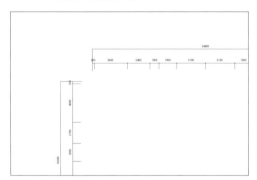

2 図形の模様やハッチングを、通常の線に分解する。グループ化された線や図形はそのままで問題ない。

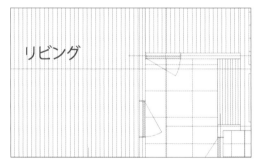

3 シンボル登録されているものを、通常の線や図形などに分解する。グループ化された線や図形はそのままで問題ない。

HINT 独自データの分解の方法はCADごとに異なる。CADには独自データを通常の線や図形に分解する機能が用意されている場合が多いので、それらを有効活用しよう。

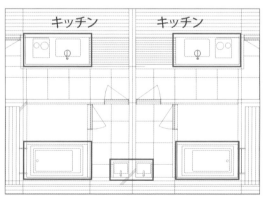

POINT2 文字

1 OS標準のフォントなどを使用している場合は、基本的にほぼ元の状態のまま表示される。特殊なフォントの場合も、通常はその図面を開いたコンピューター上の代替フォントに置き換えられるので、表示が大きく乱れることはない。

HINT 文字の図面の見た目を厳密に維持したい場合は、文字のアウトライン化（分解）機能を持つCADであれば、文字をアウトライン化（分解）しておく。ただし、Illustrator上で文字の編集は行えなくなる。

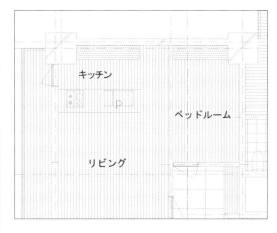

POINT3 図形

1 図面は線で作成することが基本だが、四角形や円などの図形を作成できるCADの場合は、Illustrator上で着色するための図形をあらかじめCAD上で作成しておくと効率がよい。

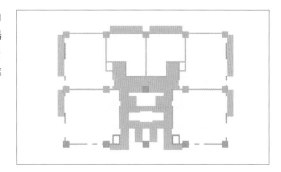

POINT4 レイヤー

1 CADで設定された「レイヤー（画層）」はIllustratorに継承される。そのため線や図形が適切なレイヤーに置かれているかどうかを確認し、適宜修正しておく。

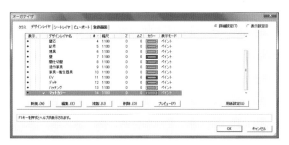

COLUMN ▶ DXFファイルの書き出し

　CADからDXFファイルを書き出す際には、通常、書き出し形式（テキスト形式／バイナリ形式）と、対応するAutoCADのバージョンを選択するよう求められる。原則的にはテキスト形式とし、AutoCAD 2000以降のバージョンを選択するとよい（ただし、最新バージョンではIllustrator側が対応できない場合がある）。

HINT Vectorworksでは、EPS形式で書き出すこともできる。書き出したEPSファイルは、DXFファイルと同様、Illustratorで開くことができる。EPS形式の場合、Vectorworksで指定した縮尺が継承される点は便利だが、レイヤーは無視されるので注意が必要だ。

「図面」
に使える
テクニック

2

CADの図面をIllustratorで開く②
Illustratorでの設定

Ps　Ai

この作例で使用するファイルは、教材データの「ch2」-「tech02」フォルダにあります。
作業前のファイル:「PLAN.dxf」　完成版ファイル:「PLAN.ai」

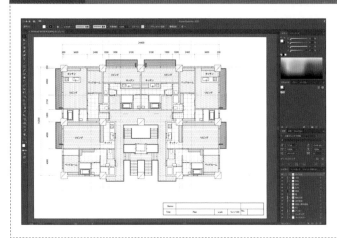

IllustratorはDXF形式をサポートしているので、CADから書き出されたDXFファイルを開くことができます。DXF形式の利点は、CAD上で設定したレイヤーの情報を継承できることです。また、縮尺は「1:1」の実寸で考えられているため、Illustratorで開くときには図面を縮小する必要があります。

STEP1　DXFファイルを開く

1　Illustratorのメニューから[ファイル]→[開く]を選択する。[開く]ダイアログでDXFファイルを選択し、[開く]をクリックする。

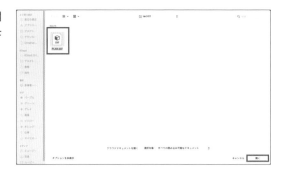

STEP2　縮小率を指定する

1　[DXF/DWGオプション] ダイアログの[アートワークの倍率]で[拡大・縮小率]を選択し、縮小率をパーセント単位で指定する。一般的に、単位は[ミリメートル]を選択する。図の例では、縮小率を1%(つまり1/100)とし、1単位が1mmを表すように設定している。

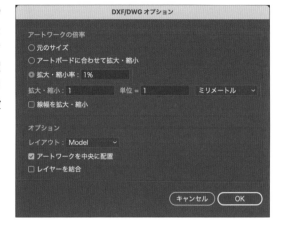

HINT 拡大／縮小率をパーセント単位で指定するには、単純に分数の計算を行えばよい。つまり1/100 ＝1%、1/50＝2%、1/30＝3.33...%、1/20＝5%となる。

2 同じく[DXF/DWG オプション]ダイアログの[アートワークの倍率]で[線幅を拡大・縮小]のチェックを外す。[OK]をクリックする。

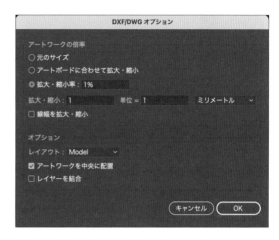

HINT [線幅を拡大・縮小]のチェックを外すと、線幅がCAD上と同様の太さで読み込まれる。ただし、0.03mmなどの極細線は、0.05mmに置き換えられる。

COLUMN ▶ 線幅の単位の切り替え

Illustratorの初期設定では、線幅の単位が「ポイント」になっている。これを「ミリメートル」に切り替えるには、メニューから[Illustrator]→[設定]→[単位]を選択し、[線]から[ミリメートル]を選択する。

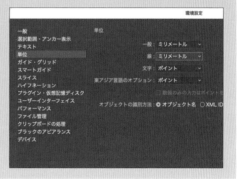

STEP3 図面をIllustratorに表示する

1 DXFファイル内で使用しているフォントがシステム上にない場合は[フォントの問題]ダイアログが表示される。[OK]をクリックすると、自動的に代替フォントに置き換えられる。

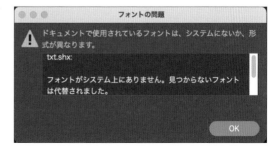

2 図面がIllustratorに表示される。図面のレイヤーが維持され、線や図形が適切なレイヤーに配置されていることを確認する。不具合が生じている場合は、適宜手作業で修正する。

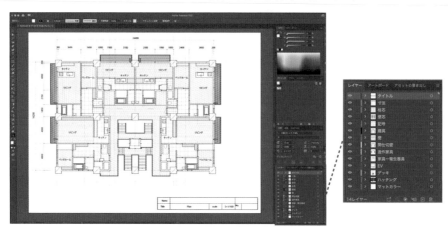

COLUMN ▶ ドキュメントのカラーモードの切り替え

　DXFファイルをIllustratorで開くとドキュメントのカラーモードがRGBになっている。特に着色された図面の場合、RGBカラーで色を設定し、そのまま印刷すると意図しない色味で出力されてしまう。そのため、CMYKモードで作業を進めたほうが好ましい。開いたDXFファイルのカラーモードを確認、変更する必要がある。

①メニューから［ファイル］→［ドキュメントのカラーモード］を選択してカラーモードを確認する。［RGBカラー］にチェックが入っているため、RGBカラーであることがわかる。

②［CMYKカラー］を選択し、CMYKモードに切り替える。

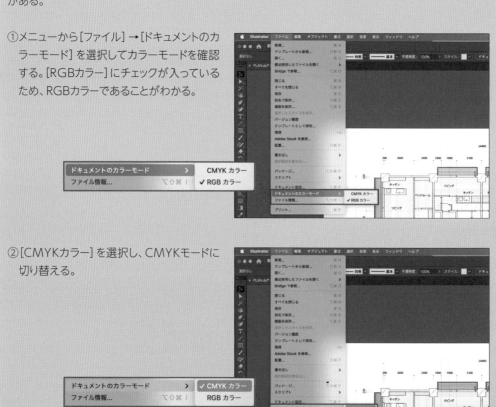

カラーパネルのモードの切り替え

　Illustratorの「カラー」パネルの初期設定がRGBモードになっている場合がある。印刷用途で着色を行う場合は、「カラー」パネル内をCMYKモードに切り替えておく。

①「カラー」パネルのパネルメニューアイコンをクリックし、メニューから[CMYK]を選択する。

②「カラー」パネルがCMYKモードに切り替わる。

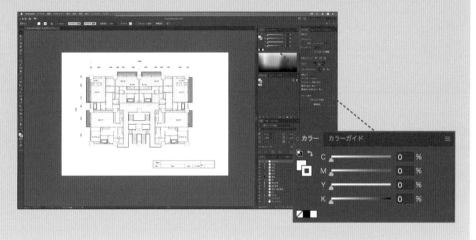

CHAPTER 2

「図面」に使えるテクニック 3

通り芯などの破線や
一点鎖線の間隔を調整する

Ps Ai

この作例で使用するファイルは、教材データの「ch2」-「tech03」フォルダにあります。
作業前のファイル：「2_03_BEFORE.ai」　完成版ファイル：「2_03_AFTER.ai」

BEFORE

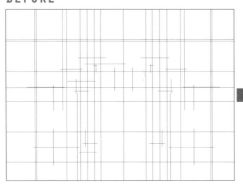

AFTER

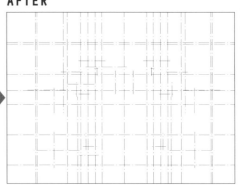

通り芯を示す一点鎖線や破線などの設定は、DXFファイルをIllustratorに読み込んだときの拡大・縮小率に影響されないため、破線間隔が広くなりすぎる場合があります。破線間隔を適切に正すには、Illustratorで開いた後に設定し直します。ここでは、通り芯を表す一点鎖線の間隔を調整します。

STEP1 通り芯のレイヤーだけを表示する

1 ［レイヤー］パレットの［表示の切り替え］ボタンをクリックして、通り芯のレイヤー（図では「柱芯」と「壁芯」）だけを表示する。

2 通り芯が表示されるが、破線間隔が広すぎて一点鎖線に見えない状態になっている。

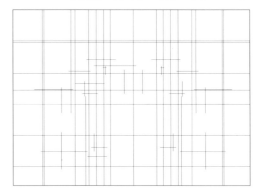

 HINT　レイヤーの表示／非表示の切り替えについてはP.41のCOLUMNを参照。

STEP2 通り芯の直線（一点鎖線）を選択する

1 ツールボックスの[選択ツール]を選択し、通り芯の直線（一点鎖線）をすべて選択する。

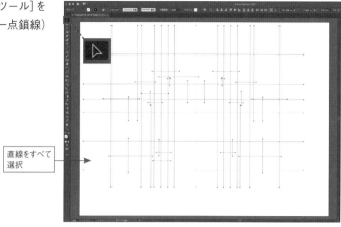

直線をすべて選択

STEP3 破線間隔を調整する

1 [線]パレットの[破線]で[線分]と[間隔]を確認する。現在の破線間隔は、[線分]＝352.7、[間隔]＝352.7、[線分]＝179.1、[間隔]＝352.7となっている（単位はmm）。

2 [線]パレットの[破線]の設定を[線分]＝15、[間隔]＝3、[線分]＝1、[間隔]＝3とする（単位はmm）。

3 一点鎖線の間隔が調整される。

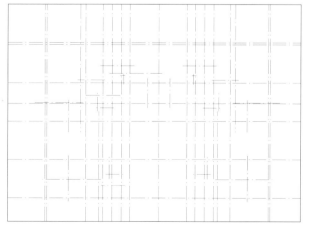

線を結合して図形を作成する

「図面」に使える テクニック **4**

Ps Ai

この作例で使用するファイルは、教材データの「ch2」-「tech04」フォルダにあります。
作業前のファイル:「2_04_BEFORE.ai」 完成版ファイル:「2_04_AFTER.ai」

BEFORE

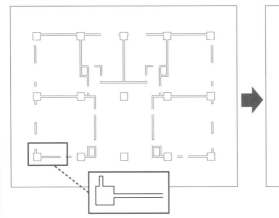

AFTER

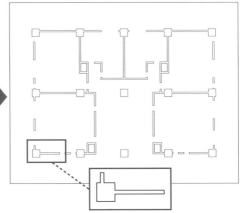

図面をプレゼンテーションなどで使用する場合には、視覚的効果を高めるために、壁や床に色を施すことがよくあります。しかし、分離した線で構成された壁や床は着色できないので、線同士を結合して図形にする必要があります。あらかじめCAD上で図形を作成する方法もありますが、Illustratorで図面を開いてから線を結合して図形にすることができます。ここでは、壁を構成している線を結合して図形にします（P.40の「テクニック7」で説明するように、トレースして図形を作成する方法もあります）。

STEP1 線のグループを解除する（グループ化されている場合）

1 図形にしたい線をすべて選択し、メニューから[オブジェクト]→[グループ解除]を選択する。グループが解除され、独立したパス（線）になる。

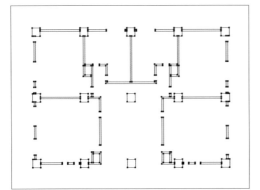

COLUMN グループ解除をする理由

IllustratorでDXFファイルを開くと、線や図形がレイヤーごとにグループ化されている場合がある（IllustratorやDXFファイルのバージョンによっては、すべての線や図形がグループ化されている場合もある）。グループである線同士を連結しようとすると、警告が表示されて実行できないことがあるので、まずグループを解除しておくと確実である。

STEP2　線同士を連結する

1 ツールボックスの[選択ツール]を選択し、連結する線をすべて選択する。メニューから[オブジェクト]→[パス]→[連結]を選択する。

2 選択したすべての線が連結され、1つのパスになる。この結果、図形を着色できるようになる(図は着色した様子)。

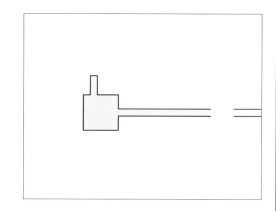

すべて選択

STEP3　閉じた図形にする

1 ツールボックスの[ダイレクト選択ツール]を選択し、連結したい2つのアンカーポイントを選択する。メニューから[オブジェクト]→[パス]→[連結]を選択する。

2 選択したアンカーポイント間にパスが作成され、閉じた図形になる。

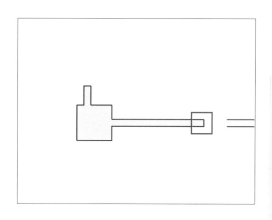

連結するアンカーポイントを選択

COLUMN　選択ツールとダイレクト選択ツール

　選択ツール ▶ ではパス全体(線や図形)やグループを選択するのに対し、ダイレクト選択ツール ▶ では、特定のアンカーポイントやグループ内の一部のパスなどを選択できる。この2つの選択ツールをシチュエーションに応じて使い分けるとよいだろう。

CHAPTER 2

「図面」に使えるテクニック 5

壁を着色する

Ps Ai

📄 この作例で使用するファイルは、教材データの「ch2」-「tech05」フォルダにあります。
作業前のファイル:「2_05_BEFORE.ai」　完成版ファイル:「2_05_AFTER.ai」

BEFORE

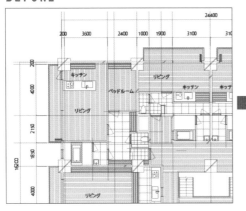

AFTER

図面を着色すると、視認性が向上し、印象がよくなります。特に、部屋を分ける壁の図形には
しっかりと着色する必要があります。Illustratorで線や図形を着色するときは、通常は[スウォッ
チ]パネルから色を選択します。ただ、DXFファイルを開いた場合の[スウォッチ]パネルには
DXFファイルの持つ色情報しか表示されないので、基本色がプリセットされているスウォッチを取
り込み、それを基準にして作業するとよいでしょう。ここでは、「プリント」スウォッチを現在のファ
イルに取り込み、壁をグレーに着色します。

STEP1　「基本CMYK」スウォッチを取り込む

1 [スウォッチ]パネルのパネルメニューアイ
コンをクリックし、メニューから[スウォッ
チライブラリを開く]→[初期設定スウォッ
チ]→[プリント]を選択する。

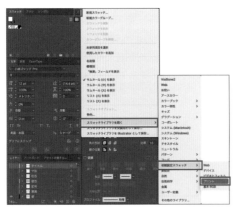

2 「プリント」スウォッチのカラーパレットが
表示される。

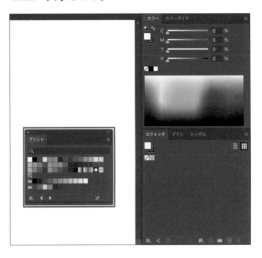

3 ①`shift`キーを押しながら左上の白と一番下の行右端の紫色のカラーボックスをクリックしてすべての色を選択し、②[スウォッチ]パネルにドラッグ＆ドロップする。

4 選択した色が[スウォッチ]パネルに取り込まれたことを確認し、[プリント] スウォッチパレットを閉じる。

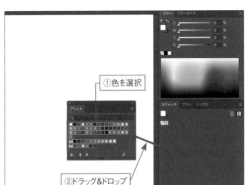

①色を選択
②ドラッグ&ドロップ

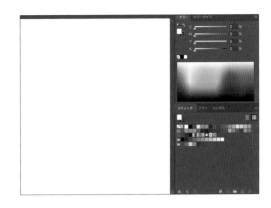

STEP2　図形を着色する

1 塗りつぶしたい図形を選択する。

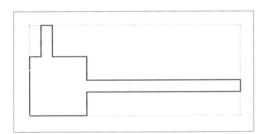

2 ツールボックスの[塗り]ボックスを選択する。

[塗り] ボックスを選択

3 [スウォッチ]パネルから図で示したグレーを選択する。

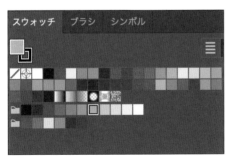

4 図形が着色される。

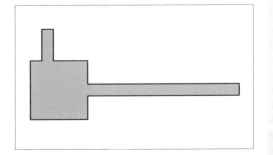

COLUMN ▶ スウォッチライブラリ

　スウォッチライブラリには、さまざまな色があらかじめ登録されたスウォッチが用意されている。「アースカラー」「キッズ」「グラデーション（パステル、メタル、木目、植物など）」「フード（アイスクリーム、スウィーツ、ベジタブルなど）」「金属」など、多様なカテゴリのスウォッチがあるので、必要に応じて利用するとよい。

着色した図形の内側を切り欠く

「図面」に使える テクニック **6**

Ps Ai

この作例で使用するファイルは、教材データの「ch2」-「tech06」フォルダにあります。
作業前のファイル:「2_06_BEFORE.ai」　完成版ファイル:「2_06_AFTER.ai」

BEFORE　　　　　　　　　　　　　**AFTER**

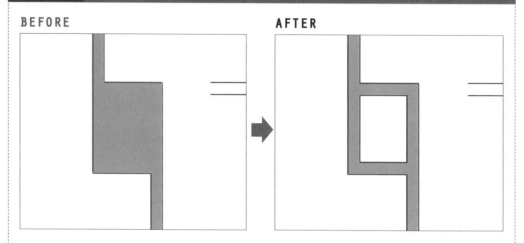

図形を着色すると、図形の重なり順によっては、意図していない部分が塗りつぶされてしまうことがある。たとえば作例ファイルの図面では4枚の壁で空間を囲む部分があるが、壁の図形を単純に着色すると、本来空間であるべき部分まで塗りつぶされ、RC柱のように表現されてしまう。そこで、壁の図形を切り欠き、空間が適切に表現されるようにする。

STEP1 壁の図形を着色する

1 壁の図形を選択する。線のみで表示されているのでわかりにくいが、このとき、壁の図形は内側の図形より前面にある。

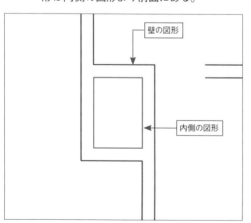

壁の図形

内側の図形

2 壁の図形を塗りつぶすと、内側の図形が隠れ、RC柱のような状態になってしまう。

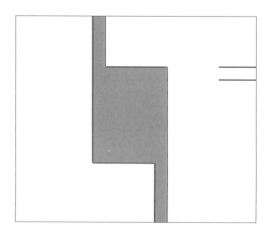

STEP2 壁の図形を背面へ移動する

1 壁の図形を選択する。メニューから[オブジェクト]→[重ね順]→[最背面へ]を選択する。

2 壁の図形が背面へ移動し、内側の図形が手前に表示される。

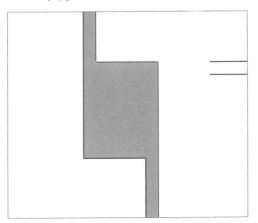
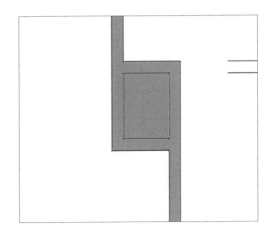

STEP3 内側の図形で壁の図形を切り欠く

1 2つの図形を選択する。メニューから[オブジェクト]→[複合パス]→[作成]を選択する。

2 図形の重なり合った部分が切り欠かれ、壁に囲まれた空間ができる。

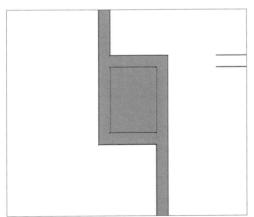
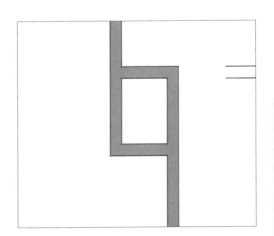

HINT ここで解説したように、Illustratorには複数の図形(パス)同士を組み合わせ、複雑な形状を作成できる機能がいくつか用意されている。これらの機能は、メニューから[ウィンドウ]→[パスファインダー]を選択して表示される[パスファインダー]パネルからも実行できる。

「図面」に使えるテクニック 7

元図面をトレースして新しい図形を作成する

Ps Ai

この作例で使用するファイルは、教材データの「ch2」-「tech07」フォルダにあります。
作業前のファイル:「2_07_BEFORE.ai」 完成版ファイル:「2_07_AFTER.ai」

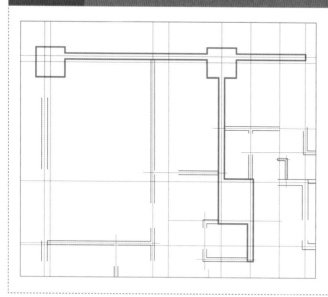

着色用の図形を作成するには、P.34の「テクニック4」で説明した方法以外に、読み込んだ図面をペンツールでトレースする(なぞる)方法もあります。正確にトレースを行うには、スナップとスマートガイドを併用します。スナップとスマートガイドは、既存の線や図形の端点に合わせて新しい線や図形を描くときに便利な機能です。ここでは、図の赤い部分をトレースして新しい図形を作成します。

STEP1 トレース用の新規レイヤーを作成する

1 [レイヤー]パネルのパネルメニューアイコンをクリックし、メニューから[新規レイヤー]を選択する。

2 [レイヤーオプション]ダイアログで、[名前]に「ペイント」と入力し、[カラー]から[オリーブ]を選択する。[OK]をクリックする。

3 それまで選択していたレイヤーの上に、「ペイント」という名前の新規レイヤーが作成される。

4 これから作成する着色用の図形は最背面に置きたいので、「ペイント」レイヤーをドラッグして一番下に移動する。

5 「柱芯」「壁芯」「壁」「間仕切壁」「ペイント」レイヤーを表示し、それ以外のレイヤーを非表示にする。さらに「壁」「間仕切壁」レイヤーをロックする。

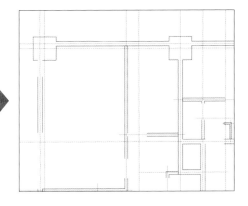

> **HINT**
> トレースの際は、不要なレイヤーを非表示にしておくと、作業がしやすい。また、トレース元の線を誤って編集しないように、トレース元の線が含まれるレイヤーをロックしておくとよい。

COLUMN ▶ レイヤーの表示／非表示とロック

[レイヤー]パネルの[表示の切り替え]ボタンをクリックすると、レイヤーの表示／非表示を切り替えることができる。目のアイコンが表示されている場合はレイヤーが表示される。

同様に、[ロックを切り換え]ボタンをクリックすると、レイヤーのロック／ロック解除を切り替えることができる。錠前のアイコンが表示されている場合はレイヤーがロックされ、そのレイヤーにある線や図形は編集できなくなる。

[表示の切り替え]
ボタン

[ロックを切り替え]
ボタン

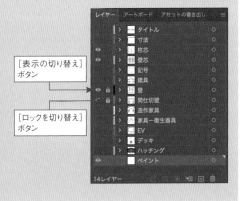

スナップとスマートガイドを有効にする

1 メニューから［表示］→［スマート
ガイド］を選択、同じく［表示］→
［ポイントにスナップ］を選択し
て、両方にチェックを入れる。

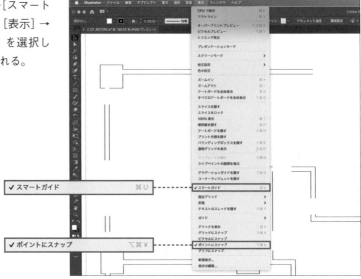

STEP3 **トレースしてパスを描画する**

1 オプションバーで［線］に「0.15mm」と入
力する。ツールボックスの［ペンツール］を
選択する。

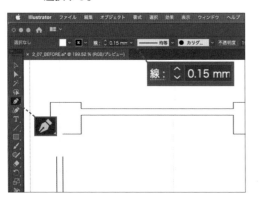

2 「アンカー」と表示される図形の端点（アン
カーポイント）にカーソルを合わせ、クリッ
クして描画を開始する。

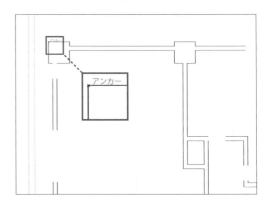

COLUMN ▷ 「スナップ」と「スマートガイド」

　スナップは、パスの端点（アンカーポイ
ント）にカーソルを近づけると自動的に
吸着する機能で、目的のアンカーポイン
トを正確に指示できるので効率的だ。

　スマートガイドは、図のように、線や図
形にカーソルを合わせたときにさまざま
な情報を表示する機能で、既存の線や図
形を基準にして作成、整列、編集、変形な
どを行う際に便利である。

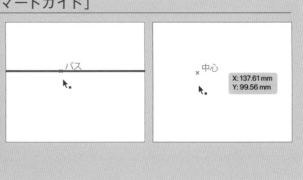

3 次のアンカーポイントまでカーソルを移動し、アンカーポイント（または交点）でクリックする。2点を結ぶパスが作成される。続けて3点目、4点目とクリックしていくことができる。

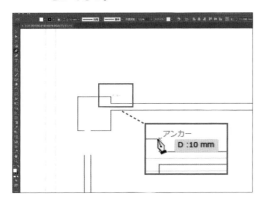

4 2〜3の要領で、図に示す線をなぞり、始点のアンカーポイントまで戻ってクリックすると、閉じた図形が作成される（図では、確認しやすいように赤い線で描画している）。

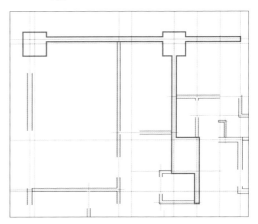

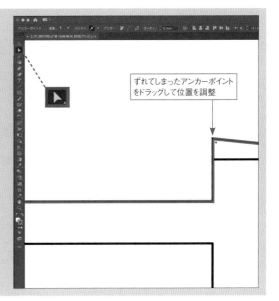

2

「図面」に使える
テクニック

HINT 間違った点をクリックしないように、なぞる部分を拡大表示しながら作業するとよい。トレースしたパスがずれてしまった場合は、ダイレクト選択ツール ▶ でアンカーポイントをドラッグして位置を調整する。

ずれてしまったアンカーポイント
をドラッグして位置を調整

床にグラデーションを適用する

「図面」
に使える
テクニック
8

Ps Ai

この作例で使用するファイルは、教材データの「ch2」-「tech08」フォルダにあります。
作業前のファイル：「2_08_BEFORE.ai」 完成版ファイル：「2_08_AFTER.ai」

BEFORE

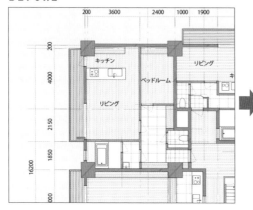

AFTER

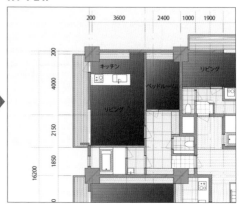

印象的な図面にするには、壁だけでなく床にも着色するとよいでしょう。グラデーションを適用すると、図面がさらに立体的かつ美しく見え、部屋の印象を効果的に伝えることができます。

STEP1 グラデーションの色を設定する

1 リビングの床の図形を選択する。ツールボックスの［塗り］がアクティブになっていることを確認する。

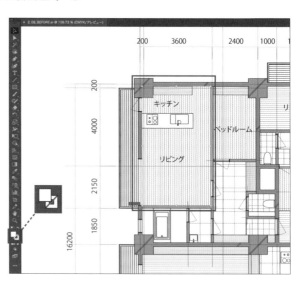

HINT Illustratorでは線にもグラデーションを適用できるので、間違いを防ぐために、［塗り］と［線］のどちらがアクティブになっているかを必ず確認すること。

2 ［グラデーション］パネルの［グラデーションの塗り］をクリックし、グラデーションを適用する。初期
設定では、図のように白から黒のグラデーションが適用される。

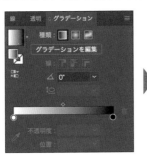 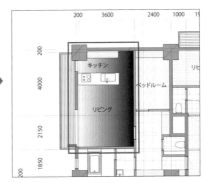

HINT パネルが一部分しか表示されていない場
合は、右上のパネルメニューアイコンをク
リックし、メニューから［オプションを表示］を選
択すると、パネル全体が表示される。

3 グラデーションの色を変更するために、［グ
ラデーション］パネルの［塗り］をクリック
して、カラー分岐点を表示する。

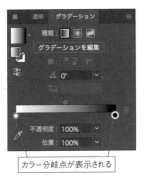

カラー分岐点が表示される

4 右側のカラー分岐点をダブルクリックす
る。カラーパネルが表示されるので、［ス
ウォッチ］をクリックして、［スウォッチ］パ
ネルと同じカラーリストを表示する。

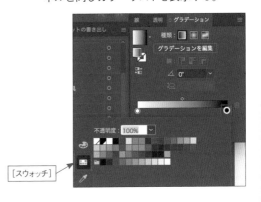

［スウォッチ］

5 カラーリストから濃茶色を選択すると、右側のカラー分岐点が濃茶色に設定され、図形のグラデー
ションの色が変化する。

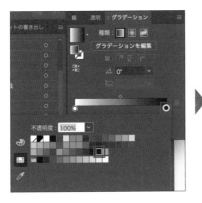 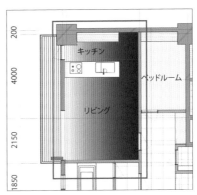

6 4 〜 5 と同様にして、左側のカラー分岐点を選択し、薄茶色に設定する。

 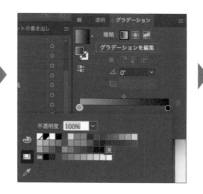 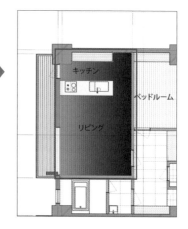

> **HINT** ここでは紙面で確認しやすいように、彩度が高く、コントラストが強い濃いめの色をグラデーションに使用しているが、実際の図面では、彩度が低く、コントラストが弱い淡めの色を指定したほうが見やすいだろう。

STEP2 グラデーションの割合と角度を設定する

1 [グラデーション]パネルのカラー中間点を左右にドラッグして、グラデーションの割合を調整する。カラー中間点をクリックして選択し、[位置]に数値を入力して移動することもできる。図では[位置]を「45%」としている。

2 [グラデーション]パネルの[角度]に数値を入力して、グラデーションの角度を指定する。図では[角度]を「−45°」としている。左上から右下にかけてのグラデーションになる。

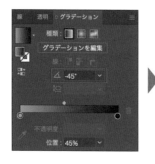 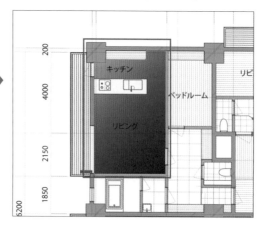

STEP3 グラデーションをスウォッチに登録する

1 [グラデーション] パネルの[グラデーションの塗り] をクリックし、[スウォッチ]パネルにドラッグ＆ドロップしてこのグラデーションを登録する。

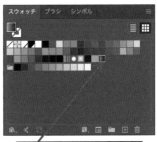

HINT 作成したグラデーションをスウォッチに登録しておくと、後からほかの図形に同じグラデーションを簡単に適用できる。ただし、角度の設定はスウォッチに登録されないので、個別に設定する必要がある。

STEP4 ほかの図形にもグラデーションを適用する

1 STEP3 で登録した同じグラデーションを設定する図形(ここではベッドルームの床部分)を選択する。

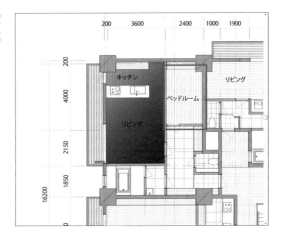

2 [スウォッチ]パネルで、 STEP3 で登録したグラデーションをクリックする。選択図形にグラデーションが適用される。スウォッチにはグラデーションの角度が登録されていないので、必要に応じて[グラデーション]パネルで角度を調整する(STEP2 を参照)。

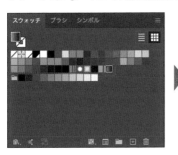

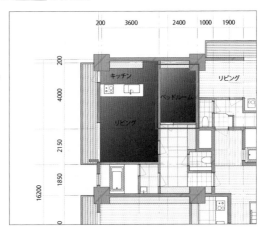

「図面」
に使える
テクニック
9

Ps　Ai

この作例で使用するファイルは、教材データの「ch2」-「tech09」フォルダにあります。
作業前のファイル:「2_09_BEFORE.ai」　完成版ファイル:「2_09_AFTER.ai」

グラデーションで
さまざまな素材感を表現する

BEFORE

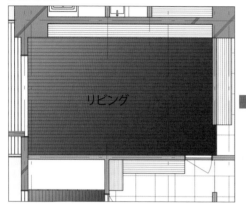

リビング

AFTER

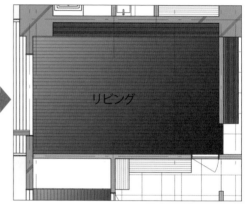

リビング

グラデーションの色や位置、角度の設定を工夫すると、ガラスやフローリング、金属など、さまざまな素材感を表現できます。ここでは、グラデーションに複数のカラー分岐点を設定することでカウンターの木目を表現します。

STEP1　グラデーションにカラー分岐点を追加する

1　カウンターの図形を選択し、図のような茶色のグラデーションを適用する。

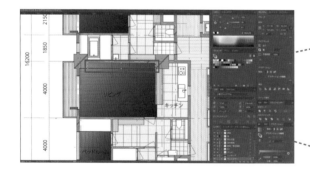

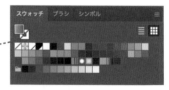

 HINT　グラデーションの色の設定については、P.44の
STEP1 を参照。

2 ［グラデーション］パネルの右端のカラー分岐点をドラッグして左に移動し、［位置］を「10%」とする。

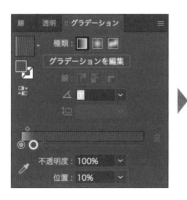 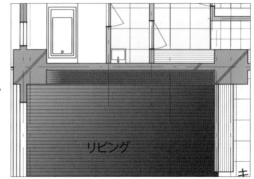

3 ［スウォッチ］パネルで濃茶色を選択し、［グラデーション］パネルのグラデーションスライダにドラッグ＆ドロップして、新たなカラー分岐点を作成する。このカラー分岐点の［位置］を「30%」とする。

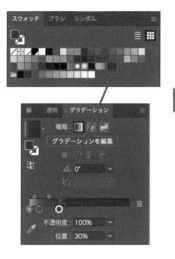 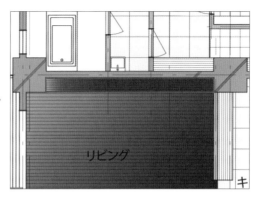

 HINT グラデーションスライダの下を直接クリックしてカラー分岐点を追加することもできる。

STEP2 カラー分岐点を複製する

1 「10%」の位置にあるカラー分岐点を選択し、[option]/[Alt]キーを押しながらグラデーションスライダの中央付近までドラッグして、同じ色のカラー分岐点を複製する。複製されたカラー分岐点の［位置］を「50%」とする。

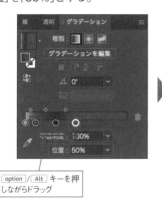 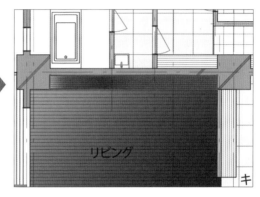

[option]/[Alt]キーを押しながらドラッグ

2 同様にして、図のように合計7つのカラー分岐点を作成する。各カラー分岐点の色を調整して、薄茶色と濃茶色が交互に繰り返されるようにする。

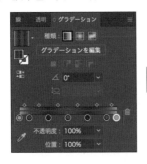 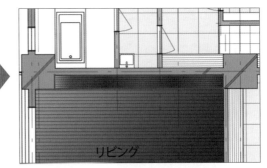

 HINT カラー分岐点の色や位置は、値にこだわらず、自分の感覚で設定して自然な印象になるようにいろいろ試してみるとよい。

3 [角度]を「90°」に変更し、現在選択している図形に合わせてグラデーションを回転させる。カウンターが木目調の表現になる。

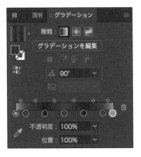 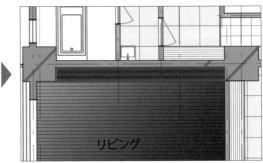

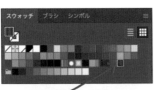
STEP3 グラデーションをスウォッチに登録する

1 [グラデーション]パネルの[グラデーションの塗り]を[スウォッチ]パレットにドラッグ＆ドロップして、作成したグラデーションをスウォッチに登録する。

2 P.47の **STEP4** の要領で、ほかの図形（キッチンのカウンター）にも木目のグラデーションを設定する。

このテクニックを応用し、グラデーションの色や角度を工夫すると、ガラスや金属などの素材感を表すグラデーションを作成できる。

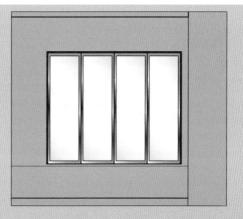

ガラス部分のグラデーション設定

金属のサッシュ部分のグラデーション設定

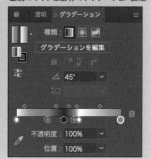

COLUMN ▶ 色の作成と登録

　標準のスウォッチには登録されていない微妙な色を自分で作成し、[スウォッチ]パネルに登録することもできる。

　色を作成するには、ツールボックスまたは[カラー]パネルのカラーボックスをダブルクリックして[カラーピッカー]ダイアログを表示し、必要な色を選択する(図**A**)。[カラー]パネルでCMYKの各スライダを調整して色を作成することもできる(図**B**)。

　色を作成したら、カラーボックスから[スウォッチ]パネルにドラッグ&ドロップして登録しておくとよい(図**C**)。

A

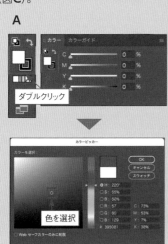

B

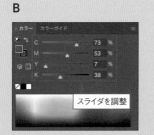

C

CHAPTER 2

「図面」
に使える
テクニック
10

Ps Ai

立面図に影を付けて立体的に見せる

この作例で使用するファイルは、教材データの「ch2」-「tech10」フォルダにあります。
作業前のファイル：「2_10_BEFORE.ai」　完成版ファイル：「2_10_AFTER.ai」

BEFORE

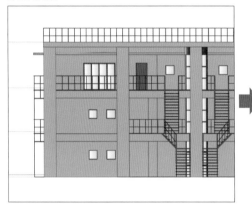

AFTER

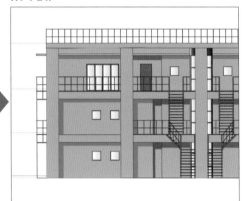

図面のなかでも特に立面図は建物の外観の印象を伝えるものなので、立体的に見えたほうが効果的であり、説得力が増します。平面的な図面に奥行きを与えるには、凹凸部分に影を付けます。このとき、影の図形を専用の別レイヤーに作成しておくと後の作業が楽になります。

STEP1 陰影用のレイヤーを作成する

1 影の図形を作成するための新規レイヤーを作成し、名前を「陰影」とする。このレイヤーを、「壁」および「建具」レイヤーの前面（［レイヤー］パレットでは上）に置く。ほかのレイヤーはロックしておく。

HINT 陰影用のレイヤーは、その影の影響を受ける線や図形を含むレイヤーの前面に作成する。新規レイヤーの作成については
P.40の STEP1 を参照。

STEP2 影の図形を作成する

1 ツールボックスの［塗りと線］で［塗り］を暗いグレー、［線］を「なし」に設定する。

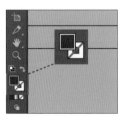

2 ツールボックスの［長方形ツール］を選択する。

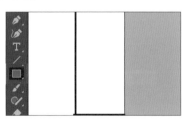

52　第2章　「図面」に使えるテクニック

3 図面上に影の基となる図形を作成する。図では、柱と梁の影となる2つの長方形を作成している。

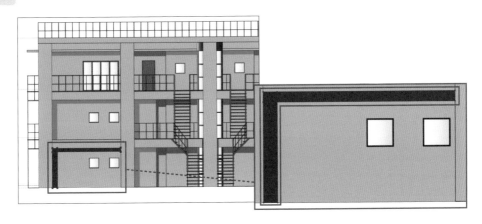

4 メニューから[ウィンドウ]→[パスファインダー]を選択し、[パスファインダー]パネルを表示する。**3** で作成した2つの長方形を選択し、[パスファインダー]パネルで[形状モード]の[合体]をクリックして、2つの長方形を1つのL字型の図形にする。

 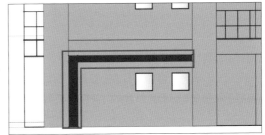

STEP3 影の図形に透明度を設定して壁になじませる

1 影の図形を選択し、[透明]パネルで[不透明度]を「40%」とする。影が半透明になり、壁になじんで見える。

 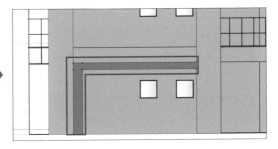

2 同様にして、図のようにほかの部分にも影を作成する。

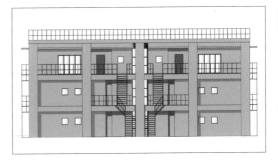

COLUMN 影の付け方

影の図形の高さ、幅、色の明度などを工夫することで、複雑な奥行きや日照角度を表現できる。常に壁の位置を確認し、影の付け方に変化をつけるとよい。

「図面」に使えるテクニック 11

影をぼかして柔らかい印象にする

Ps Ai

この作例で使用するファイルは、教材データの「ch2」-「tech11」フォルダにあります。
作業前のファイル：「2_11_BEFORE.ai」　完成版ファイル：「2_11_AFTER.ai」

BEFORE

AFTER

影を付けると奥行きや日照を表現できますが、より写実的で自然な印象の図面にするには、影の輪郭をぼかします。単純にぼかしただけでは影の範囲が広がってしまうので、クリッピングマスクの機能を利用して必要な部分のみを残すようにします。

STEP1 影の図形をぼかす

1 影の図形を選択する。メニューから[効果]→[ぼかし]→[ぼかし（ガウス）]を選択する。

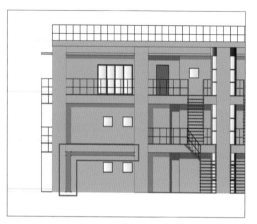

2 [ぼかし（ガウス）]ダイアログで[半径]を「3 pixel」とし、[OK]をクリックする。

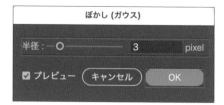

3 影の図形にぼかしが適用される。しかし、図形全体がぼかされるため、梁や柱にまでぼかしが広がっている。この不要部分を切り取る（トリミングする）必要がある。

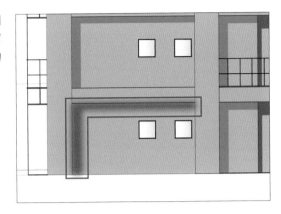

STEP2 影をトリミングするための図形を作成する

1 ぼかした影の図形を選択する。メニューから[編集]→[コピー]を選択、同じく[編集]→[前面へペースト]を選択して、この図形を同位置の前面に複製する。これでトリミング用の図形ができる。

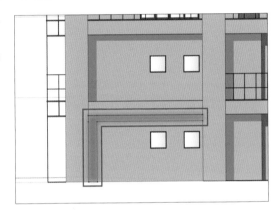

2 トリミング用の図形を選択した状態で[プロパティ]パネルの[ぼかし（ガウス）]の[ゴミ箱]アイコンをクリックし、ぼかしの効果を削除する。図形が重なっているためわかりにくいが、前面に複製されたトリミング用の図形から、ぼかしの効果が削除される。

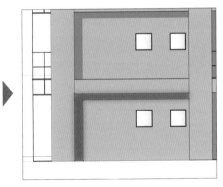

ぼかしの効果が
削除される

HINT [プロパティ]パネルが表示されていない場合は、メニューから[ウィンドウ]→[プロパティ]を選択する。効果の追加／削除は、[アピアランス]パネルからもできる。[アピアランス]パネルについてはP.211を参照。

3 ダイレクト選択ツールでトリミング用の図形のアンカーポイントを移動して、ぼかしを残したい部分だけが含まれるように図形を大きくする。

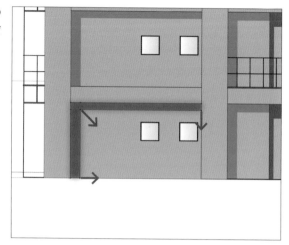

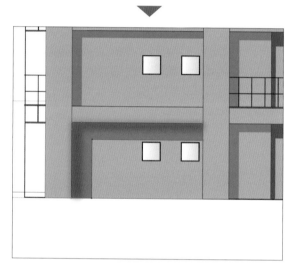

STEP3 はみ出ているぼかし部分をトリミングする

1 ぼかした影の図形とトリミング用の図形の両方を選択する。メニューから[オブジェクト]→[クリッピングマスク]→[作成]を選択する。

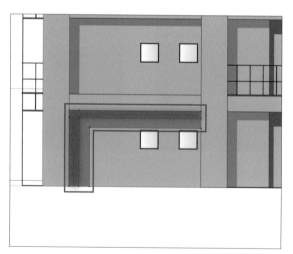

2 梁と柱にはみ出していた影のぼかし部分がトリミングされる。

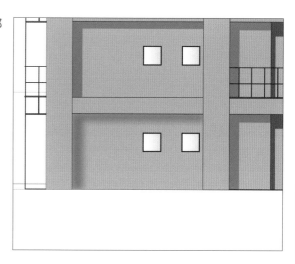

COLUMN ▶ クリッピングマスク

　クリッピングマスクとは、前面の図形を使用して、背面の図形や画像の一部を隠す（マスクする）機能である。背面の図形や画像のうち、前面の図形の範囲内に含まれる部分のみが見えるようになる。たとえば、右図のようにアウトライン化した文字の背面に画像を配置してクリッピングマスクを作成すると、画像を文字のアウトラインで切り抜いたような効果になる。クリッピングマスクの詳しい使用方法についてはP.184の「テクニック5」を参照。

12 画像を利用して素材感を表現する

「図面」に使えるテクニック

Ps Ai

この作例で使用するファイルは、教材データの「ch2」-「tech12」フォルダにあります。
作業前のファイル:「2_12_BEFORE.ai」 完成版ファイル:「2_12_AFTER.ai」

BEFORE

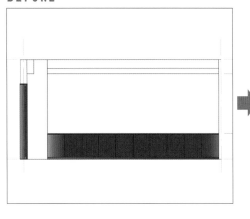

AFTER

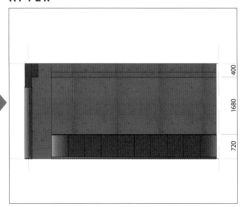

図面の壁部分などに素材の画像を貼り付けると、イメージが伝わりやすくなります。単調になりがちな展開図に華やかさを演出する効果もあります。ここではRC壁の画像をパターンスウォッチとして登録し、連続するパターンとして図形に適用できるようにします。

STEP1 壁材となる画像を取り込む

1 図面ファイル(2_12_BEFORE.ai)に作業用の新規レイヤーを作成し、名前を「パターン」とする。ほかのレイヤーはロックしておく。

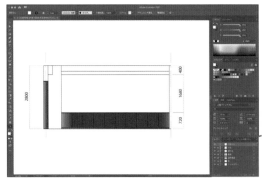

HINT 新規レイヤーの作成についてはP.40
の STEP1 を参照。

2 メニューから[ファイル]→[開く]を選択し、RC壁の画像ファイル(RC01.jpg)を開く。メニューから[選択]→[すべてを選択]を選択し、同じく[編集]→[コピー]を選択して画像をクリップボードにコピーする。

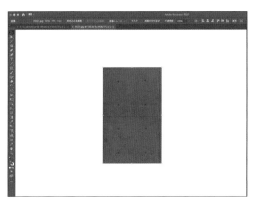

3 図面ファイル(2_12_BEFORE.ai)に切り替え、メニューから[編集]→[ペースト]を選択してRC壁の画像をペーストする。

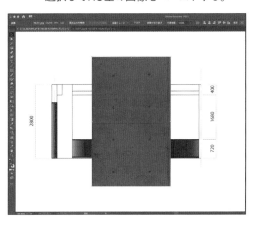

STEP2 画像のサイズを調整する

1 RC壁の画像を選択し、左上端点が図の位置に合うように移動する。ツールボックスの[拡大・縮小ツール]を選択する。

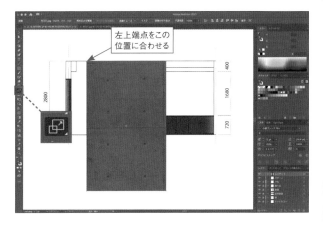

2 RC壁の画像の中央にある拡大/縮小の基準点□をドラッグし、RC壁の画像の左上端点(アンカーポイント)まで移動する。

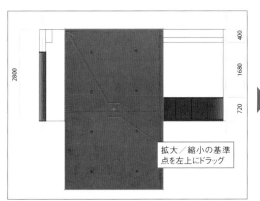

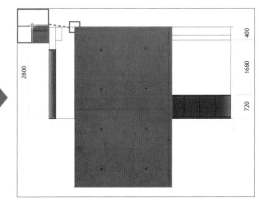

3 カーソルをRC壁の画像の右下端点に合わせ、縦横比を保つために shift キーを押しながらドラッグして、適切な大きさに縮小する。

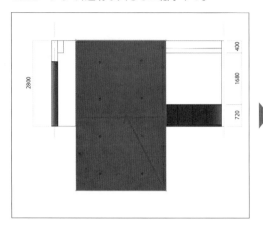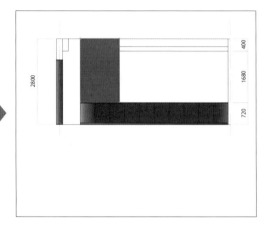

STEP3 画像をパターンスウォッチとして登録する

1 縮小したRC壁の画像を選択し、メニューから[オブジェクト]→[パターン]→[作成]を選択する。図のようなダイアログが表示されるので、[OK]をクリックする。

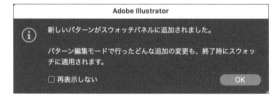

2 RC壁の画像がタイリングされた状態で表示され、[パターンオプション]パネルが表示される。[名前]に「RC」と入力し、画面上部の[○完了]をクリックする。

3 [スウォッチ]パネルに「RC」というパターンスウォッチが登録される。

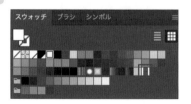

> **HINT** 同様にして、模様として使用する線や図形などもパターンスウォッチとして登録できる。

4 「パターン」レイヤーはもう必要ないので、[レイヤー]パネルの「パターン」レイヤーを選択し、右下の[選択項目を削除]をクリックして削除する。

HINT アートワークが含まれるレイヤーを削除してもよいかを確認するダイアログが表示された場合は、[はい]をクリックする。

STEP4 図形にパターンスウォッチを設定する

1 「マットカラー」レイヤーのロックを解除する。

2 壁の図形を選択し、[スウォッチ]パネルから STEP3 で作成した「RC」のパターンスウォッチを選択する。壁の図形にRC壁の画像が適用される。

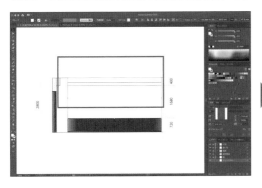 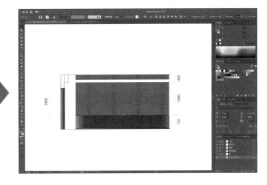

3 同様にして、RC壁として表現したいすべての図形に「RC」のパターンスウォッチを適用する。

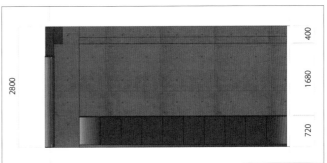

図面の線を手描き風にする

この作例で使用するファイルは、教材データの「ch2」-「tech13」フォルダにあります。
作業前のファイル:「2_13_BEFORE.ai」 完成版ファイル:「2_13_AFTER.ai」

BEFORE

AFTER

図面の線は、一定の太さを保ち、歪みがないことが基本です。ただし、プレゼンテーション用とし
て、線が少し歪んだ手描きのイラスト風にすることもあります。ここでは図面全体のパスに歪みを
設定して、手描き風の柔らかい印象を演出します。

STEP1 線と図形を選択する

1 歪みを設定したい線や図形をすべて
選択する。

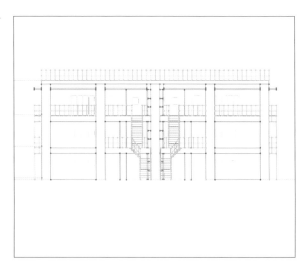

STEP2 [ラフ]効果で線に歪みを加える

1 メニューから[効果]→[パスの変形]→[ラフ]を選択する。[ラフ]ダイアログで図のように設定し、[OK]をクリックする。

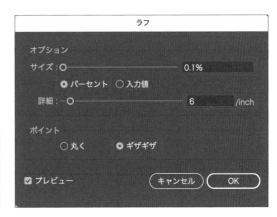

HINT この設定はあくまで一例である。[プレビュー]にチェックを入れると作業領域にプレビューが表示されるので、設定の効果を確認しながら値を調整するとよい。

2 図面の線が歪み、手描きのような線になる。

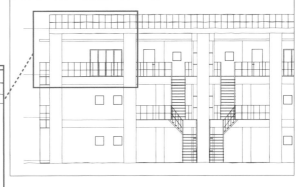

HINT [ラフ]効果を使用して樹木などの添景を作成することもできる。図の例では、円に[ラフ]効果を適用することで、平面図の中に樹木を作成している。
[ラフ]ダイアログの[サイズ]の値を増やすと波の高さが大きくなり、[詳細]の値を増やすと波の数が増えるので、いろいろ試してみよう。

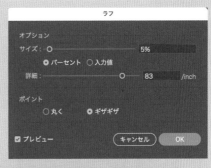

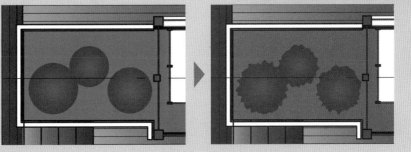

「図面」に使えるテクニック

14

Ps　Ai

この作例で使用するファイルは、教材データの「ch2」-「tech14」フォルダにあります。
作業前のファイル:「2_14_BEFORE.ai」　完成版ファイル:「2_14_AFTER.ai」

図面をインクペンで着色したような表現にする

BEFORE

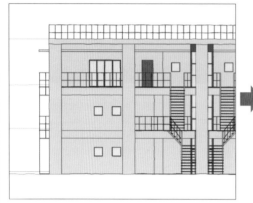

AFTER

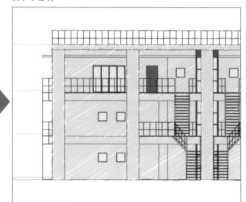

図面の線だけでなく、塗りも手描き風に表現すると、よりイラストらしく、柔らかい雰囲気を出すことができます。ここでは、P.62の「テクニック13」で線を手描き風に歪ませた図面にインクペンで着色したような効果を施します。

STEP1　レイヤーと図形を準備する

1　着色用の図形を配置する新規レイヤーを作成し、名前を「マットカラー」とする。このレイヤーを最背面に置き、ほかのレイヤーをロックする。

2　「マットカラー」レイヤーに、壁の図形と同じ大きさ、同じ形状で、塗りのみを設定した図形を作成する。図のように細かく分割して図形を作成してもよいし、すべての壁を1つの大きな図形として作成してもよい。

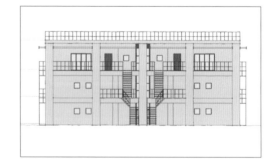

 HINT　教材データの「2_14_BEFORE2.ai」は、**STEP1** の 2 まで完了した状態のファイルである。このファイルを使用して **STEP2** から作業を始めてもよい。

STEP2 [落書き]効果でインクペンのような効果を施す

1 **STEP1** で作成した塗りのみの図形をすべて選択する。メニューから[効果]→[スタイライズ]→[落書き]を選択する。

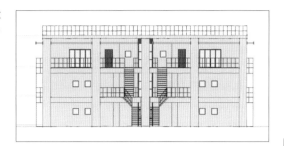

2 [落書きオプション]ダイアログで図のように設定し、[OK]をクリックする。

> **HINT** この設定はあくまで一例である。[プレビュー]にチェックを入れると作業領域にプレビューが表示されるので、設定の効果を確認しながら値を調整するとよい。

> **HINT** インクペンの効果を出すには、[線幅]と[角の丸み]の値を大きめに設定するとよい。[間隔]の値を大きくして広めにすると、ラフに着色した雰囲気になる。

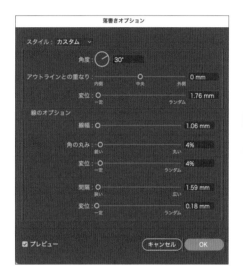

2

[図面]に使える
テクニック

3 インクペンで着色したような効果が適用される(図はさらに手描き風の影を追加してある)。

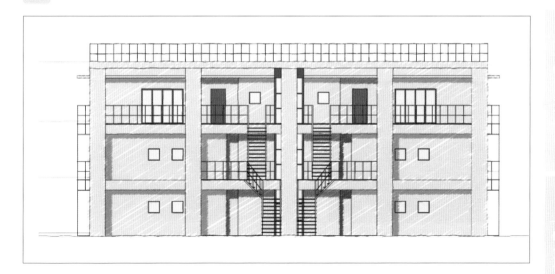

> **HINT** 線を持つ図形に[落書き]効果を適用すると、塗りだけでなく線にも効果が現れてしまう。そのため、インクペンで着色したように見せるには、塗りのみの図形を作成し、その図形に[落書き]効果を適用することがポイントとなる。

「図面」に使えるテクニック 15

図面を色鉛筆で着色したような表現にする

Ps **Ai**

この作例で使用するファイルは、教材データの「ch2」-「tech15」フォルダにあります。
作業前のファイル:「2_15_BEFORE.ai」 完成版ファイル:「2_15_AFTER.ai」

BEFORE

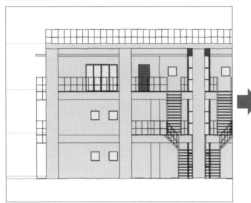

AFTER

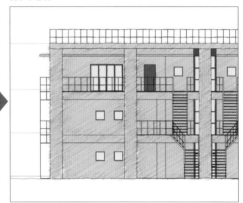

プレゼンテーション用の図面では、色鉛筆を塗り重ねたような繊細なタッチが用いられることもよく
あります。ここではP.64の「テクニック14」を応用し、3種類の色を重ねて、色鉛筆で着色した
ような効果を作成します。

STEP1 レイヤーと図形を準備する

1 着色用の図形を配置する新規レイヤーを
作成し、名前を「マットカラー」とする。この
レイヤーを最背面に置き、ほかのレイヤー
をロックする。

2 「マットカラー」レイヤーに、壁の図形と同
じ大きさで、塗りのみを設定した図形を作
成する。図のように細かく分割して図形を
作成してもよいし、すべての壁を1つの大
きな図形として作成してもよい。

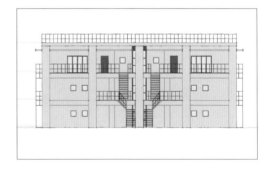

HINT 教材データの「2_15_BEFORE2.ai」は、**STEP1** の **2** まで完了した状態のファイルである。この
ファイルを使用して **STEP2** から作業を始めてもよい。

3 「マットカラー」レイヤーの複製を2つ作成し、複製したレイヤーの名前をそれぞれ「マットカラー2」「マットカラー3」とする。

HINT レイヤーを複製するには、①[レイヤー]パネルで目的のレイヤーを選択し、②パネルメニューアイコンをクリックして、③メニューから[<レイヤー名>を複製]を選択する。

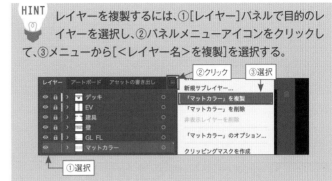

HINT 複数の色を重ねた表現にするために、塗りのみを設定した図形を含むレイヤーを、色の数だけ複製して作成しておくことがポイントである。

STEP2 [落書き]効果で色鉛筆の効果を施す

1 「マットカラー2」および「マットカラー3」レイヤーを非表示にする。

2 「マットカラー」レイヤー内の図形をすべて選択する。メニューから[効果]→[スタイライズ]→[落書き]を選択する。

3 [落書きオプション]ダイアログで図のように設定し、[OK]をクリックする。

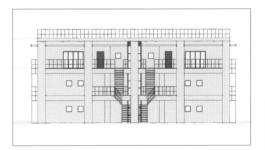

HINT この設定はあくまで一例である。[プレビュー]にチェックを入れると作業領域にプレビューが表示されるので、設定の効果を確認しながら値を調整するとよい。

HINT 色鉛筆のような表現にするには、[線幅]の値を小さめにして細くし、[角の丸み]の値を小さくして鋭くするとよい。

4 色鉛筆で着色したような効果が適用される。

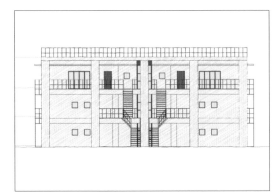

STEP3 2色目の効果を追加する

1 「マットカラー」レイヤーをロックし、「マットカラー2」レイヤーを表示して選択する。

2 「マットカラー2」レイヤー内の図形をすべて選択し、暗いグレーに着色する。メニューから[効果]→[スタイライズ]→[落書き]を選択する。

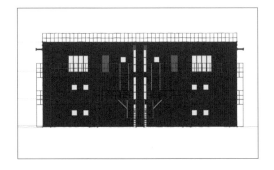

3 [落書きオプション]ダイアログで図のように設定し、[OK]をクリックする。

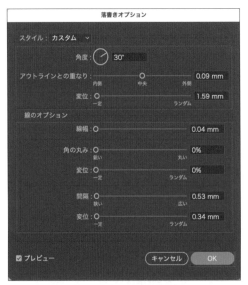

4 2色目の色鉛筆の効果が適用される。

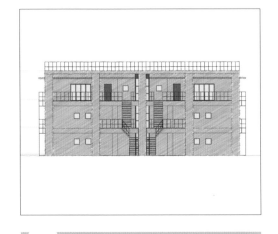

HINT **3** では、1色目の効果と重ならないようにするために、それぞれの設定値を微妙に変更する。ここでの設定値はあくまで例である。

3色目の効果を追加する

1 「マットカラー」および「マットカラー2」レイヤーをロックし、「マットカラー3」レイヤーを表示して選択する。

2 「マットカラー3」レイヤー内の図形をすべて選択し、薄い水色に着色する。メニューから[効果]→[スタイライズ]→[落書き]を選択する。

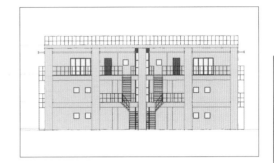

3 [落書きオプション] ダイアログで図のように設定し、[OK]をクリックする。

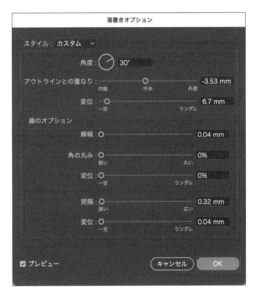

> HINT
> [アウトラインとの重なり]に−(マイナス)の値を指定すると、図形の中央寄りを色鉛筆で何度も塗りつぶしたような効果になる。ここでの設定値はあくまで例である。

4 3色目の色鉛筆の効果が適用される(図はさらに手描き風の影を追加してある)。

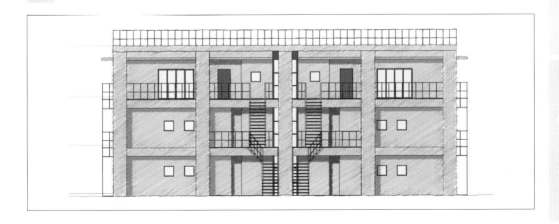

「図面」
に使える
テクニック
16

Ps **Ai**

図面に照明効果を与える

この作例で使用するファイルは、教材データの「ch2」-「tech16」フォルダにあります。
作業前のファイル:「2_16_BEFORE.ai」 完成版ファイル:「2_16_AFTER.ai」

BEFORE

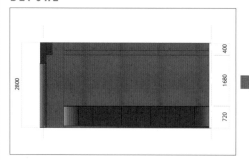

AFTER

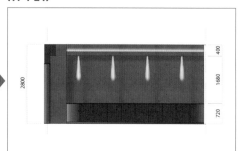

図面に照明の光を描画すると、ライティングのイメージを伝えやすくなります。特に、コープ照明
の間接光やウォールウォッシャーなどを表現するのに役立ちます。ここでは、図形にぼかしを適用
することで照明の効果を作成します。

STEP1 ライティング用のレイヤーを作成する

1 照明の図形を作成するための新規レイヤーを作成し、名前を
「ライティング」とする。このレイヤーを、「建具」「造作家具」
「壁」レイヤーの前面に配置する。ほかのレイヤーはロックし
ておく。

HINT ライティング用のレイヤーを作成するときは、照明効果の
影響を受ける線や図形を含むレイヤーの前面に作成する。

STEP2 照明の図形を作成する

1 ツールボックスの[塗り]を薄い黄色、[線]
を「なし」にする。

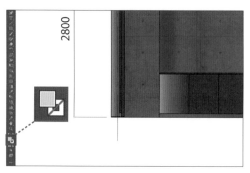

2 ツールボックスの[長方形ツール]を選択
する。

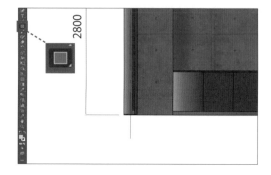

3 図のように照明の図形となる長方形を作成する。

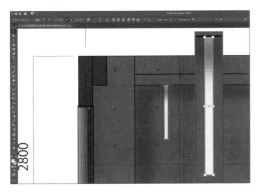

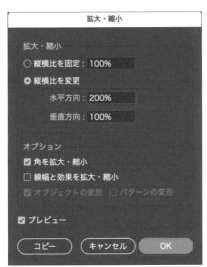

💡 **HINT** 照明の図形は最終的にぼかして範囲が広がるので、最初の段階では小さめに作成しておく。

5 メニューから[オブジェクト] → [変形] → [拡大・縮小] を選択する。[拡大・縮小] ダイアログで[水平方向] を「200%」とし、[OK]をクリックする。

拡大・縮小
拡大・縮小
○ 縦横比を固定：100%
● 縦横比を変更
水平方向：200%
垂直方向：100%
オプション
☑ 角を拡大・縮小
☐ 線幅と効果を拡大・縮小
☑ オブジェクトの変形 ☐ パターンの変形
☑ プレビュー
コピー キャンセル OK

4 光線の広がりを表現するために、照明の図形を台形に変更する。ツールボックスの[ダイレクト選択ツール]を選択し、照明の図形の下側にある2つのアンカーポイントを選択する。

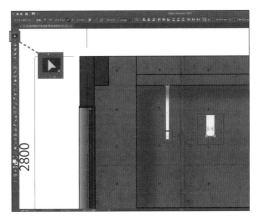

2
「図面」に使える
テクニック

6 照明の図形が台形に変形される。

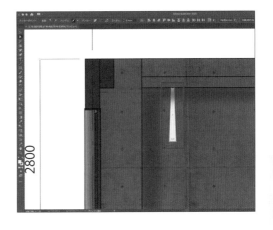

7 ツールボックスの[ペンツール]をプレス（長押し）し、表示されたリストから[アンカーポイントの追加ツール]を選択する。

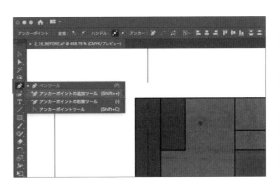

8 「アンカーポイントの追加」カーソルで図形の底辺の中心辺りをクリックし、アンカーポイントを追加する。

9 ダイレクト選択ツールに切り替え、追加されたアンカーポイントを選択し、下方向にドラッグして図のような形状に変形する。

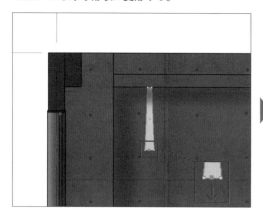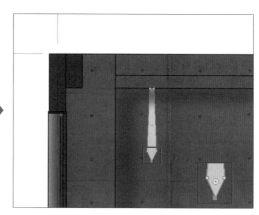

STEP3 図形にぼかしを与えてソフトグローを表現する

1 照明の図形を選択する。メニューから[効果]→[ぼかし]→[ぼかし(ガウス)]を選択する。

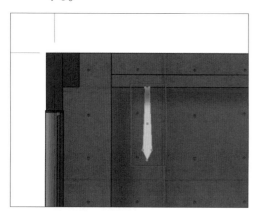

2 [ぼかし(ガウス)]ダイアログで[半径]を「2」とし、[OK]をクリックする。

3 照明の図形にぼかしが適用され、ソフトグローのような表現になる。しかし、上側にぼかしが広がっているため、次のステップで不要な部分を切り取る(トリミングする)必要がある。

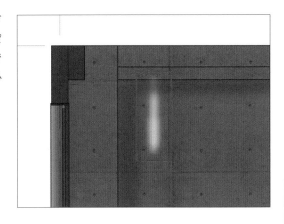

STEP4 照明の図形をトリミングして配光を仕上げる

1 照明の図形を複製してトリミング用の図形を作成し、[プロパティ] パネルで「ぼかし(ガウス)」の効果を削除する(詳しくはP.55のテクニック11の STEP2 を参照)。

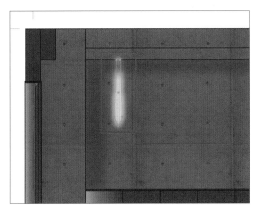

2 複製したトリミング用の図形の下側の3つのアンカーポイントをドラッグして図のように外側に移動し、図形の下側の部分を広めに拡大する。

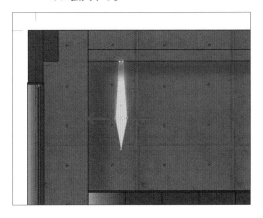

3 元の照明の図形とトリミング用の図形の両方を選択する。メニューから[オブジェクト]→[クリッピングマスク]→[作成]を選択する。

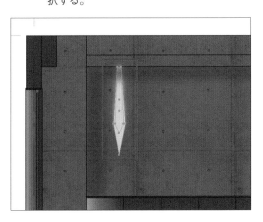

4 照明の図形の上側に広がっていたぼかし部分が、トリミング用の図形に沿ってトリミングされる。これで照明の図形が完成する。

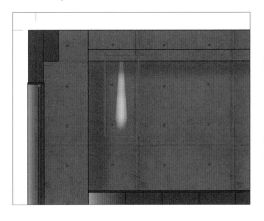

1 照明の図形を選択する。メニューから[編集]→[コピー]を選択し、同じく[編集]→[前面へペースト]を選択して、同位置に複製する。

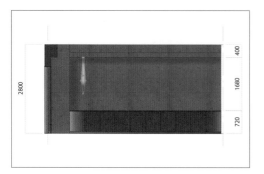

2 複製した図形を選択した状態で[プロパティ]の[変形]から[X]の現在値の後に「+25」と入力する。

> **HINT** [変形]パネルの値に四則演算を入力すると、図形を相対的に移動したり変形したりできる。たとえば[X]の値の後ろに「+25」を入力すると、図形を現在位置から25mm右に移動できる。

3 選択した図形が水平方向に+25mm移動する。

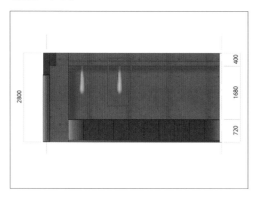

4 照明の図形を複製し、[X]の値に「+25」を入力する、という作業を繰り返して、照明の図形をあと2つ配置する。

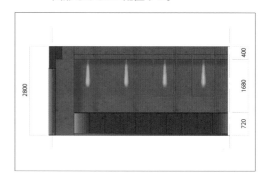

5 **STEP1**〜**STEP4**と同様、横長の長方形を作成し、ぼかしとトリミングを適用して、コープ照明の間接光を作成する。

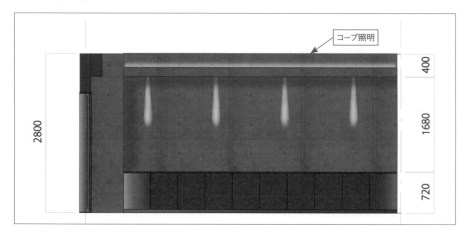

「建築写真」に使える
テクニック

　建築物の写真撮影では、アングルの制限によって理想的な画角で撮影できなかったり、人工照明によって好ましくない色かぶりが発生したり、不要な人物やものが入り込んでしまったりすることがよくあります。このような問題のある写真をプレゼンテーションに使用すると全体の印象が悪くなるので、画像処理をして問題を解消することをお勧めします。ここでは、撮影後の画像補正や加工について解説します。

壁の色を変更する

「建築写真」
に使える
テクニック
1

Ps Ai

この作例で使用するファイルは、教材データの「ch3」-「tech01」フォルダにあります。
作業前のファイル：「3_01_BEFORE.jpg」　完成版ファイル：「3_01_AFTER.jpg」

BEFORE

AFTER

リフォーム案のプレゼンテーションをするときに、壁と建具の色の関係をわかりやすく見せるには、
現況写真を加工し、壁の色をリフォーム後の色に置き換えて見せると効果的です。ここでは
Photoshopの色の置き換えツールを使用して、陰影を保ちながら壁の色を変更します。

STEP1 ブラシを設定する

1 ツールボックスの[ブラシツール]をプレス
し、表示されたリストから[色の置き換え
ツール]を選択する。

2 [描画色]を水色に設定する。

3 オプションバーの［ブラシピッカー］をクリックし、ブラシの［直径］を「130px」、［硬さ］を「100%」とする。

4 オプションバーで［モード］を［カラー］、［サンプル］を［継続］、［制限］を［輪郭検出］、［許容値］を「30%」とする。

COLUMN ▶ 色の置き換えツール

　色の置き換えツールを使用すると、塗りつぶしツールのような単純なベタ塗りではなく、元画像の陰影を考慮して色を変更できる。オプションバーで次のオプションを設定することで、置き換えの方法を細かく制御できる。

- ［モード］：描画モードを選択する。通常は［カラー］を選択する。
- ［サンプル］：置き換え対象の色の選択方法を制御する。次の3つのオプションがある。
    - ・［継続］ 🖊 ：ドラッグした色を連続的に置き換える。
    - ・［一度］ ⊕ ：最初にクリックした色を含む領域だけを置き換える。
    - ・［背景のスウォッチ］ ◨ ：現在の背景色を含む領域だけを置き換える。
- ［制限］：色を置き換える範囲を制限する。次の3つのオプションがある。
    - ・［隣接されていない］：ブラシの範囲内にある置き換え対象の色をすべて置き換える。
    - ・［隣接］：ブラシ中心の十字マークが指しているピクセルとそれに隣接する領域の色を置き換える。［隣接されていない］よりも厳密な置き換えとなる。
    - ・［輪郭検出］：隣接する領域の色を、その領域の輪郭を維持しながら置き換える。［隣接］より厳密な置き換えになるため、近似色である陰影も避けてしまう場合がある。
- ［許容値］：近似色をどこまで置き換え対象にするかを指定する。値を小さくすると許容範囲が狭くなり、置き換え対象にごく近い色だけが置き換えられる。

境界を着色する

1 色の置き換えツールのカーソルで壁と窓枠との境界をドラッグすると、壁側の領域だけが選択した色で着色される。

HINT なるべくカーソルの中心が色の置き換え対象の部分(ここでは壁)を指し、ブラシの半径が隣接する領域に少しだけかかるようにドラッグしていく。ここでは[制限]を[輪郭検出]にしているため、陰影部分がうまく着色されないことがある。その場合は、着色されなかった部分をあらためてドラッグすることで、適切に着色できる。

2 壁と窓枠の境界、建具の境界、付近の物との境界を丁寧にドラッグし、すべての境界部分を着色していく。

HINT 細かい部分(ここでは傘のあたり)は、ブラシの[直径]を「40px」、[許容値]を「10%」などの小さな値に設定して作業するとよい。

STEP3 **全体を着色する**

1 オプションバーでブラシの[直径]を「200px」とし、[許容値]を「50%」とする。さらに[制限]を[隣接]に変更して、一気に着色しやすいようにする。

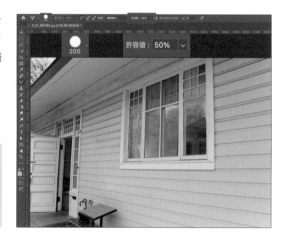

HINT 着色する面積が広い部分や、色の境界がはっきりしている部分は、ブラシの直径や許容値を大きく設定したほうが効率的に着色できる。

2 大きく塗りつぶすようにドラッグして、壁全体を着色する。

HINT 塗りがはみ出してしまった場合は、ヒストリーブラシツール ⬛ ではみ出した個所をなぞるようにドラッグして消すことができる。ブラシサイズなどの設定方法は、色の置き換えツールと同じである。

はみ出した個所をなぞるようにドラッグ

ドラッグした個所の塗りが消える

COLUMN 色の置き換えツールと選択範囲の併用

　色の境界がはっきりしている単純な画像の場合は、色の置き換えツールを使用することで、選択範囲を作成しなくても簡単に色の境界に沿って着色できる。しかし、たとえば図**A**のような画像の場合、観葉植物の部分だけを避けて壁に着色するのは非常に難しい。許容値を小さく設定するという方法もあるが、細かなピクセル単位で着色することになるので、スプレーのような結果になってしまう。このような場合は、図**B**のように着色したい部分に選択範囲を作成したうえで、色の置き換えツールを使用したほうが効率的である。なお、図Bのような複雑な選択範囲を作成するには、パスから選択範囲を作成（P.116の「テクニック1」参照）、自動選択ツール（P.126の「テクニック3」参照）、クイック選択ツール（P.128の「テクニック4」参照）などの方法を組み合わせて使用するとよい。

A

B

「建築写真」に使えるテクニック 2

曇り空を青空にする

Ps Ai

この作例で使用するファイルは、教材データの「ch3」-「tech02」フォルダにあります。
作業前のファイル:「3_02_BEFORE.jpg」　完成版ファイル:「3_02_AFTER.jpg」

BEFORE

AFTER

建物の外観写真に空が大きく映っている場合は、曇り空よりも青空のほうが全体の印象がよくなります。さまざま理由から曇天時の画像しか用意できない場合でも、Photoshopの[空を置き換え]機能を使用して、建物や植栽などとなじんだ状態で空の色を青くすることができます。

STEP1 空を着色する

1 メニューから[編集]→[空を置き換え]を選択する。

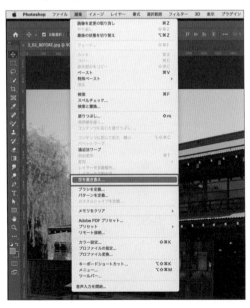

2 [空を置き換え]ダイアログが表示されるので、図のように選択する。これで空の色が青く補正される。

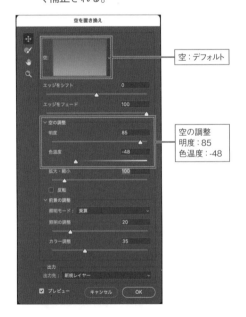

空:デフォルト

空の調整
明度:85
色温度:-48

STEP2　建物と空の色味を調整する

1 ［空を置き換え］ダイアログの［前景の調整］から［照明の調整］を「20」に、［カラー調整］を「15」に設定し、［OK］をクリックする。

2 建物や植栽など前景の色味が、空の色味に合わせて調整され、合成感が目立たずなじむ。

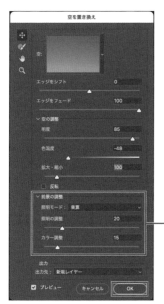

前景の調整
照明の調整：20
カラー調整：15

> **HINT** ここでは、空を青くすることを主眼としたため、［前景の調整］で建物や植栽の色味を調整して合成感を抑えた。もし、建物の色味を保ちたいなら、［前景の調整］ではなく［空の調整］で空の色味を調整するとよいだろう。

> **HINT** ［エッジをシフト］は、基本的に使用しなくてよい。これは、空の画像を建物にどこまで乗算するかを決める値で、Photoshop側で建物と空の程よい境界線を見つけてくれる。明らかに境界線がずれている場合は、［エッジをシフト］で調整する。右図では、屋根部分に空の色が被っていて、境界線が適切でないことが確認できる。

> **HINT** ［エッジをフェード］は、境界線がはっきりしすぎて不自然だった場合に、建物と空の境界線をぼかして、馴染ませたり、建物に乗算された空の画像をぼかすことができる。ただし、ぼかしていくと境界線の画像が粗くなるので、あまり多用しない。［エッジをシフト］で境界線を建物側に寄せたとき、境界線をぼかして微調整を行いたい場合などに使用するとよい。

「建築写真」に使えるテクニック 3

明るさを調整する

Ps **Ai**

この作例で使用するファイルは、教材データの「ch3」-「tech03」フォルダにあります。
作業前のファイル:「3_03_BEFORE.jpg」 完成版ファイル:「3_03_AFTER.jpg」

BEFORE

AFTER

適正露出で撮影されなかった画像には、「ハイキー」(明るすぎ)、「ローキー」(暗すぎ)、「白とび」、「黒つぶれ」などの問題が発生します。このような画像を理想的な状態に調整するにはさまざまな方法がありますが、ここではトーンカーブを使用して、暗い画像を明るく調整します。

STEP1 [トーンカーブ]ダイアログを表示する

1 画像ファイル(3_03_BEFORE.jpg)を開く。この画像は全体的に暗く、椅子やチェストの細部が黒つぶれして、見えない状態になっている。

2 メニューから[イメージ]→[色調補正]→[トーンカーブ]を選択し、[トーンカーブ]ダイアログを表示する。

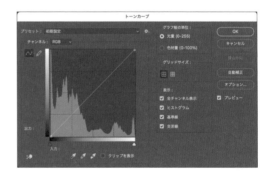

COLUMN トーンカーブ

Photoshopでは、[トーンカーブ]ダイアログに表示される直線の傾きを変えたり、コントロールポイントを追加して曲線にしたりすることで、画像の明るさとコントラストを調整できる。

トーンカーブはシャドウ、中間調、ハイライトという3つの領域に大きく分けることができ、左端が最も暗い点(黒色点)、右端が最も明るい点(白色点)を表している。初期状態では黒色点と白色点が直線で結ばれているが、その間にコントロールポイントを追加することで曲線化できる。

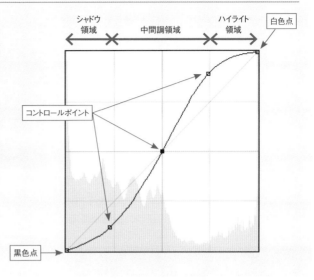

シャドウ領域　中間調領域　ハイライト領域　白色点
コントロールポイント
黒色点

STEP2 中間調領域を明るくする

1 トーンカーブの中央をクリックしてコントロールポイントを追加する。

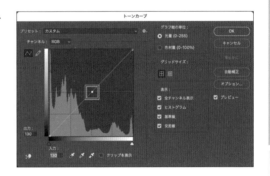

2 1 で追加したコントロールポイントを上方にドラッグして、中間調領域を明るくする。全体的に明るくなるが、カーテン部分が白とびして細部が見えなくなる。

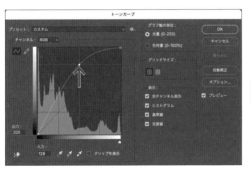

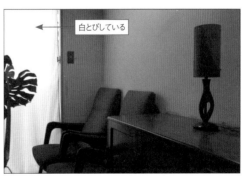

白とびしている

ハイライト領域の白とびを軽減する

1 トーンカーブのハイライト領域をクリックして コントロールポイントを追加する。

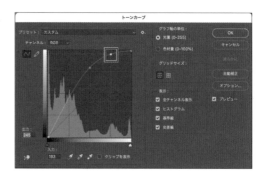

2 1 で追加したコントロールポイントを下方へドラッグして、ハイライト領域の強さを弱める。全体の明るさは保ちながら、カーテンの細部が表示される。

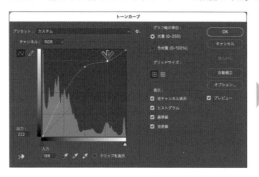

細部が表示される

シャドウ領域を明るくする

1 トーンカーブの黒色点をクリックして選択する。

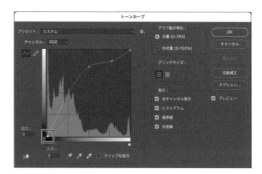

2 1 で選択した黒色点を少し上方へドラッグして、シャドウ領域を若干明るくする。微妙な違いだが、椅子やチェストの細部がややはっきりする。

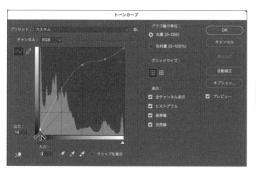

細部がややはっきりする

3 [トーンカーブ]ダイアログの[OK]をクリックする。

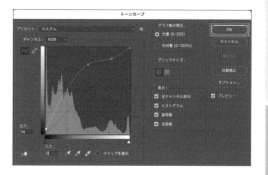

4 最終的な調整結果。暗い部分が明るくなり、バランスのよい画像になる。

「建築写真」に使えるテクニック 4

色を補正する①
蛍光灯の青かぶりの補正

Ps Ai

この作例で使用するファイルは、教材データの「ch3」-「tech04」フォルダにあります。
作業前のファイル:「3_04_BEFORE.jpg」 完成版ファイル:「3_04_AFTER.jpg」

BEFORE

AFTER

蛍光灯が照射されている室内で、ホワイトバランスが適正でない状態で撮影すると、画像が青緑っぽくなる「青かぶり」という現象が起きます。これは青系の波長が多い状態なので、トーンカーブの各RGBチャンネルに対して補正を行い、足りない色を補うことで調整できます。

STEP1 [トーンカーブ]ダイアログを表示する

1 画像ファイル(3_04_BEFORE.jpg)を開く。この画像は全体的に青緑がかっている。

2 メニューから[イメージ]→[色調補正]→[トーンカーブ]を選択し、[トーンカーブ]ダイアログを表示する。

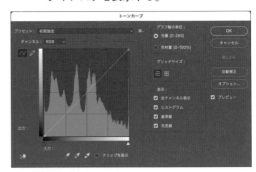

1 [チャンネル]から[レッド]を選択する。トーンカーブにコントロールポイントを追加し、上方向にドラッグして赤味を増やす。かなりバランスがよくなるが、明るい領域が赤味を帯びている。

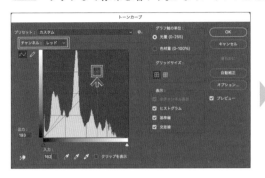

赤味を帯びている

2 [チャンネル]から[ブルー]を選択する。白色点を下方向にドラッグして青味を減らす。明るい領域の赤味が落ち着いたが、全体的に画像がやや緑がかっている。

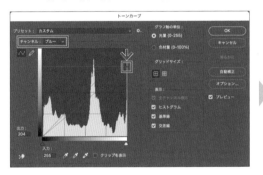

3 [チャンネル]から[グリーン]を選択する。トーンカーブの中間調領域にコントロールポイントを追加し、ほんの少し下方向にドラッグして緑味を減らす。黒色点を右にドラッグしてやや暗くし、さらに白色点を下方向にドラッグしてハイライト領域の緑味を弱める。[OK]をクリックする。これで青かぶりが補正される。

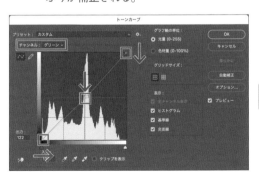

CHAPTER 3

「建築写真」
に使える
テクニック

5

色を補正する②
白熱灯の黄色かぶりの補正

Ps　Ai

この作例で使用するファイルは、教材データの「ch3」-「tech05」フォルダにあります。
作業前のファイル：「3_05_BEFORE.jpg」　完成版ファイル：「3_05_AFTER.jpg」

BEFORE

AFTER

白熱灯が照射されている室内で、ホワイトバランスが適正でない状態で撮影すると、画像が橙色っぽくなる「黄色かぶり」という現象が起きます。これは赤黄色系の波長が多い状態なので、トーンカーブの各RGBチャンネルに対して補正を行い、足りない色を補うことで調整できます。

STEP1 　[トーンカーブ]ダイアログを表示する

1 画像ファイル（3_05_BEFORE.jpg）を開く。この画像は全体的に橙色がかっている。

2 メニューから[イメージ] → [色調補正] → [トーンカーブ] を選択し、[トーンカーブ] ダイアログを表示する。

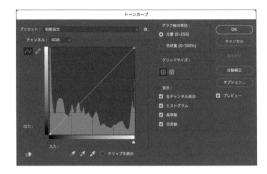

STEP2 RGBチャンネルを個別に補正する

1　[チャンネル]から[ブルー]を選択する。トーンカーブにコントロールポイントを追加し、上方向にドラッグして青味を増やす。白色点を下方向にドラッグして、ハイライト領域の青味をやや減らす。画像に青味が増えたが、全体としてはまだ赤味を帯びている。

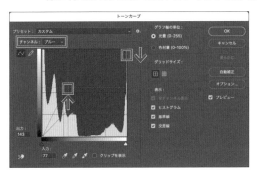

2　[チャンネル]から[グリーン]を選択する。トーンカーブのハイライト領域にコントロールポイントを追加し、上方向にドラッグして緑味を増やす。かなり赤味が落ち着いた画像になる。

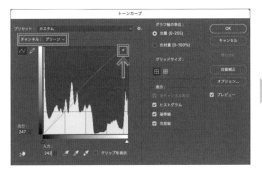

3　[チャンネル]から[レッド]を選択する。白色点を下方向にドラッグして、ハイライト領域の赤味をやや減らす。[OK]をクリックする。これで黄色かぶりが補正される。

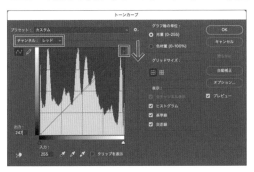

写真内の不要なものを消去する①
塗りつぶしツール

「建築写真」に使えるテクニック **6**

Ps Ai

この作例で使用するファイルは、教材データの「ch3」-「tech06」フォルダにあります。
作業前のファイル：「3_06_BEFORE.jpg」　完成版ファイル：「3_06_AFTER.jpg」

BEFORE

AFTER

撮影時に写り込んでしまった不要な電線や人物などは、Photoshop の機能を使用して消すことができます。ここでは、自動的にオブジェクトのアウトラインを選択してくれるオブジェクト選択ツールと「コンテンツに応じた塗りつぶし」機能を使用して、大まかに人物を消す方法を紹介します。背景が単色に近い画像などであれば、一度の作業で不要なものを消すことができます。

STEP1 人物の選択範囲を作成する

1 消去する人物の部分を拡大表示し、ツールボックスの[オブジェクト選択ツール]を選択する。

2 人物部分をクリックして選択する。

3 選択範囲が自動的に作成される。

4 つま先部分と影の部分が選択されていないので、追加で選択する。つま先部分を大まかに囲むようにドラッグする。

ドラッグ

5 手順 4 と同様にして、影の部分を囲むようにドラッグする。これで不要な部分（人物と影）が選択状態になる。

ドラッグ

STEP2 選択範囲の人物と影を消す

1 人物の上で右クリックし、表示されるコンテキストメニューから[コンテンツに応じた塗りつぶし]を選択する。

コンテンツに応じた塗りつぶし ...

2 「選択領域を塗りつぶすには、サンプリングブラシツールでサンプリング領域への追加を行います。」とメッセージが表示されるので、[OK]をクリックする。

Ps

選択領域を塗りつぶすには、サンプリングブラシツールでサンプリング領域への追加を行います。

OK

再表示しない

3 画面が2分割され、右側に編集結果のプレビュー画面が表示される。人物部分が確認しやすいように、プレビュー画面下の拡大／縮小スライダで表示を拡大する。ここでは「300%」とした。

4 ［サンプリングブラシツール］が選択されていることを確認し、人物の周囲をドラッグして塗りつぶしていく（緑色の部分）。背景のブロック壁のピクセルがサンプリング（抽出）され、人物部分がそのピクセルに置き換わる。

5 プレビュー画面を確認すると、人物部分の足元、壁下の芝生部分までブロック壁のピクセルに置き換わっている。これを修正するため、さらに足元の周囲、道路や壁下の芝生部分もドラッグして塗りつぶす。

HINT サンプリング（抽出）された画像のみが選択範囲と置き換わるため、適切な部分をサンプリングすることが大切である。4 では、道路や壁の下の芝生物部分がサンプリングされていなかったため、人物の足元部分が壁のピクセルで塗りつぶされてしまった。随時プレビュー画面で編集結果を確認しながら、サンプリングする部分を塗りつぶすようにしよう。

6 編集作業をいったん終えるため、[コンテンツに応じた塗りつぶし]パネルの[OK]をクリックする。

7 大まかに不要な人物を消すことができた。[レイヤー]パネルを確認すると、塗りつぶしたオブジェクトが「背景のコピー」レイヤーに作成されている。

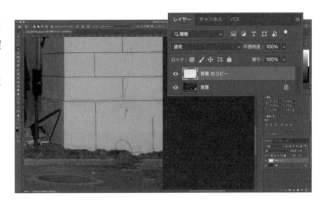

8 作業しやすいように、レイヤーを1つにまとめる。[レイヤー]パネルの「背景のコピー」レイヤーが選択されている状態で、パネルメニューアイコンをクリックして表示されるメニューから[画像を統合]を選択する。

9 「背景のコピー」レイヤーが「背景」レイヤーに統合される。

「建築写真」に使えるテクニック **7**

Ps　Ai

写真内の不要なものを消去する②
パッチツール

この作例で使用するファイルは、教材データの「ch3」-「tech07」フォルダにあります。作業前のファイル：「3_07_BEFORE.jpg」　完成版ファイル：「3_07_AFTER.jpg」

BEFORE

AFTER

写真から不要なものを消去するには、パッチツールを使用する方法もあります。その特徴は、消去する部分またはサンプリング（抽出）する部分を選択範囲で指定して、周囲になじませるようにその範囲のピクセルの置き換えができることです。ここでは、前項のテクニック6で大まかに人物を消した際に生じた、不要な芝生部分や人物の輪郭線など細かい部分を消去します。

STEP1　パッチツールで不要な部分の画像を置き換える

1 ツールボックスの[パッチツール]を選択する。オプションバーの[新規選択]を選択し、[パッチ]を[コンテンツに応じる]にする。

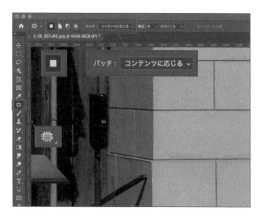

2 ①消した人物の足元の不要な部分を囲むようにドラッグして選択する。②選択範囲をドラッグして、サンプリングする（抽出する）左側の画像部分まで平行に移動する。

①不要な部分を選択

②左方向にドラッグ

3 不要部分の画像が置き換わり、消去される。続けて、1 ～ 2 と同様にして、残っている人物の輪郭線も消去する。

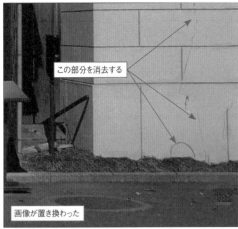

この部分を消去する

画像が置き換わった

STEP2 他の背景部分をコピーして壁の目地を追加する

1 ツールボックスの[パッチツール]を選択し、オプションバーの[新規選択]を選択する。[パッチ]を[通常]、[ソース]を[複製先]にする。

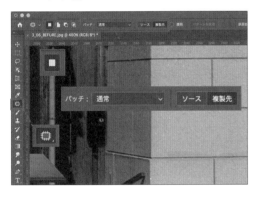

2 コピー元となる壁の左側の目地部分を囲んで選択する。

3 選択範囲をドラッグして、目地をコピーする部分まで移動する。目地が周囲になじむようにコピーされる。

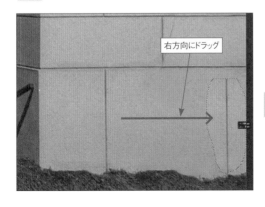

右方向にドラッグ

「建築写真」
に使える
テクニック
8

Ps Ai

写真内の不要なものを消去する③
スポット修復ブラシツール

この作例で使用するファイルは、教材データの「ch3」-「tech08」フォルダにあります。
作業前のファイル:「3_08_BEFORE.jpg」 完成版ファイル:「3_08_AFTER.jpg」

BEFORE

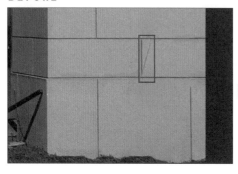

AFTER

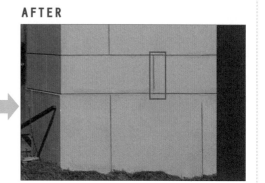

細かな部分を背景のピクセルに置き換えたいときは、スポット修復ブラシツールを使用します。こ
れは、ブラシで塗った部分を背景のピクセルに置き換える機能です。修正範囲が狭い場合に
は、手順の少ないこの方法を使用すると効率的です。ここでは、前項のテクニック7の作業後に
まだ残っている、不要な細かい部分を消去します。

STEP1 ブラシで塗りつぶして不要な部分を消す

1 ツールボックスの[スポット修復ブラシ
ツール]を選択する。

2 オプションバーで[モード]を[通常]、[種
類]を[コンテンツに応じる]にして、ブラシ
の[直径]を「14px」とする。

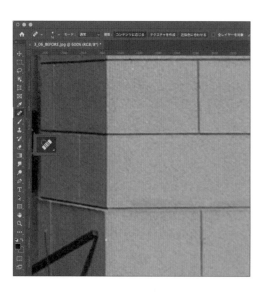

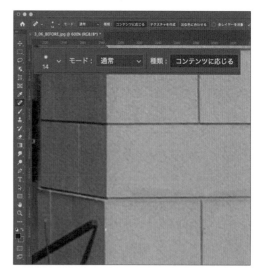

3 不要な線の部分をドラッグして塗り
つぶすと消去される。

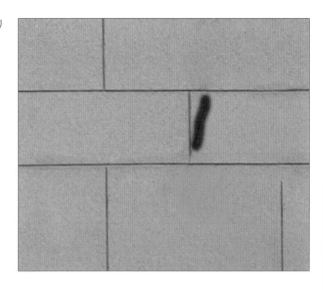

4 1〜3 と同様にして、ほかの細か
な不要部分も、スポット修復ブラシ
ツールの［コンテンツに応じる］を
使って消去する。

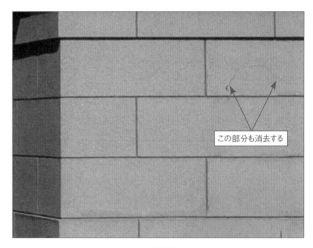

この部分も消去する

「建築写真」に使えるテクニック

9

写真内の不要なものを消去する④
コピースタンプツール

Ps Ai

この作例で使用するファイルは、教材データの「ch3」-「tech09」フォルダにあります。
作業前のファイル:「3_09_BEFORE.jpg」 完成版ファイル:「3_09_AFTER.jpg」

BEFORE

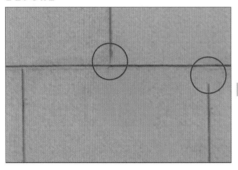

AFTER

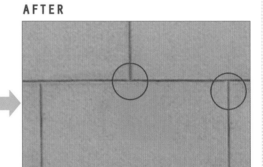

コピースタンプツールは、画像の一部をサンプリング（抽出）し、その画像で指定部分を塗りつぶす機能です。ドラッグ操作で既存のピクセルをコピーでき、、この機能を利用して不要な部分を消去することもできます。古典的な機能ですが、パッチツールなどで一度に修正できなかった場合に補助的に利用すると便利です。ここでは、前項テクニック8までの作業で欠けた目地の部分を修正します。

STEP1 目地部分をコピーする

1 ツールボックスの[コピースタンプツール]を選択し、ブラシの[直径]を「10px」とする。

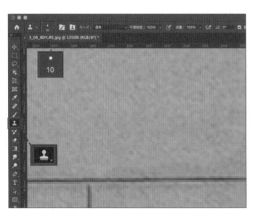

2 オプションバーで[モード]を[通常]、[不透明度]を「100%」、[流量]を「100%」とする。

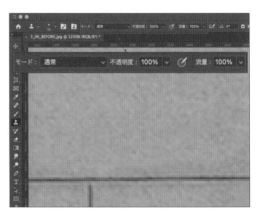

3 比較的きれいな目地部分を option / Alt キーを押しながらクリックする。

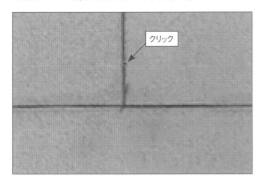

クリック

4 修正する目地の部分をドラッグする。

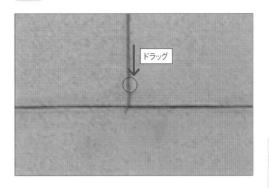

ドラッグ

5 目地部分がきれいに修正された。

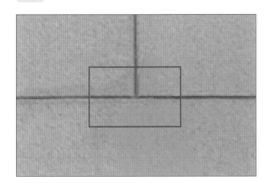

6 3 〜 5 と同様にして、欠けている目地部分を修正する。

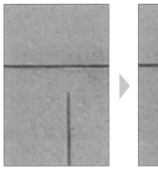 

7 すべての修正が完了し、人物が消去された。

「建築写真」に使えるテクニック **10**

Ps　Ai

あおり補正を行う

この作例で使用するファイルは、教材データの「ch3」-「tech10」フォルダにあります。
作業前のファイル:「3_10_BEFORE.jpg」　完成版ファイル:「3_10_AFTER.jpg」

BEFORE

AFTER

建物など高さのあるものを間近であおり撮影すると、垂直方向に対して上すぼまりになる歪みが生じてしまいます。意図的に遠近感を与えたい場合を除いては、できるだけ垂直に近く修正したほうがよいでしょう。このような歪みはPhotoshopの[レンズ補正]フィルターで簡単に修正することができます。

STEP1　[レンズ補正]ダイアログを表示する

1 画像ファイル(3_10_BEFORE.jpg)を開く。この画像は上すぼまりになっている。

2 メニューから[フィルター]→[レンズ補正](CS4以前は[フィルター]→[変形])を選択し、[レンズ補正]ダイアログを表示する。

STEP2 あおり補正を適用する

1 画面下にある[グリッドを表示]にチェックを入れる。[カスタム]タブをクリックし、図のように補正の値を設定して[OK]をクリックする。

☑ グリッドを表示

> HINT
> 単純な上すぼまりの場合は[垂直方向の遠近補正]スライダを－(マイナス)方向に調整する(下すぼまりの場合は＋(プラス)方向に調整する)。プレビュー画面を見ながら、プラス方向とマイナス方向に微妙な調整を行う。歪みが複雑な場合は、[水平方向の遠近補正]スライダも併せて調整する必要がある。

2 あおり補正が行われ、上すぼまりの歪みが解消される。

> HINT
> あおり補正の処理を行うと画像の周囲が切り取られるので、すべての垂直方向の線を補正しようとすると、画像のかなりの部分を切り取ることになりかねない。歪みがひどい場合は、補正する軸をある程度絞り込んで作業したほうがよいだろう。

11 ぼけた画像をシャープにする

Ps | Ai

この作例で使用するファイルは、教材データの「ch3」-「tech11」フォルダにあります。
作業前のファイル:「3_11_BEFORE.jpg」 完成版ファイル:「3_11_AFTER.jpg」

BEFORE

AFTER

撮影時のピントのずれや手ぶれなどによって画像がぼけ気味になってしまった場合は、Photoshopの
[アンシャープマスク]フィルターを使用することで、ある程度は修正できます。ただし、アンシャープ
マスクを強く適用すると画像が劣化するので、適度な補正にとどめておいたほうがよいでしょう。

STEP1 [アンシャープマスク]ダイアログを表示する

1 画像ファイル(3_11_BEFORE.jpg)を開
く。この画像は少しぼやけている。

2 メニューから[フィルター]→[シャープ]→
[アンシャープマスク] を選択し、[アン
シャープマスク]ダイアログを表示する。

3 [プレビュー]にチェックを入れ、設定結果を作業ウィンドウ上でプレビューできるようにする。

1 [アンシャープマスク]ダイアログで図のように設定し、[OK]をクリックする。

2 画像が全体的にシャープになる。

COLUMN ▶ [アンシャープマスク]ダイアログ

[アンシャープマスク]ダイアログのオプションにはそれぞれ次のような働きがある。プレビューを見ながら各オプションを微調整するとよい。

- [量]：コントラストの強さを調整する。コントラストを強くするとシャープさが増す。
- [半径]：どのくらいの範囲までシャープを適用するかを決定する。この値を大きくすると、シャープが広範囲に適用される。
- [しきい値]：隣接する色調の差となる基準値を決定する。この値を小さくすると、微妙な色調の差であってもシャープを適用する対象とみなされる。値を0にすると、画像全体が対象となる。

「建築写真」に使えるテクニック 12

写真をイラスト風にする

Ps Ai

この作例で使用するファイルは、教材データの「ch3」-「tech12」フォルダにあります。
作業前のファイル:「3_12_BEFORE.jpg」 完成版ファイル:「3_12_AFTER.psd」

BEFORE

AFTER

写真をスケッチパースのようなイラスト風の表現にして、プレゼンシート用のイメージとして用いてみては
いかがでしょう。同様の方法でCGパースもイラスト風のタッチにできます。ここでは、Photoshopの
フィルターを組み合わせて、写真をイラスト風に変更します。

STEP1 輪郭線を強調する

1 背景レイヤーを複製し、複製されたレイ
ヤー名を「SKETCH」とする。「SKETCH」レ
イヤーを選択する。

2 メニューから[フィルター]→[表現手法]→
[輪郭検出]を選択する。画像の輪郭のみが
強調されたスケッチ風の表現になる。

HINT レイヤーの複製についてはP.134の 6
〜 7 を参照。

筆で塗ったような効果を適用する

1　「SKETCH」レイヤーを非表示にし、背景レイヤーを
選択する。

2　メニューの[フィルター]から[フィルターギャラリー]を選択する。[フィルターギャラリー]ウィンド
ウの[アーティスティック]をクリックして開く。

3　[パレットナイフ]を選択し、[ストロークの大きさ]を「40」、[ストロークの正確さ]を「3」、[線のやわ
らかさ]を「0」とする。[OK]をクリックする。

　HINT
具体的な設定は画像によって異なる。プレビューを見ながら、画像全体が太い筆で描いた水彩画
のような印象になるよう適宜調整する。

4 粗くにじんだペイント風の表現に変換された。

STEP3 レイヤーを組み合わせてイラスト風に仕上げる

1 「SKETCH」レイヤーを表示して選択し、レイヤーの描画モードを[ビビッドライト]にする。

HINT 描画モードは、上のレイヤーと下のレイヤーの画像の色の合成（ブレンド）効果を決定する機能で、さまざまな描画モードが用意されている。ここで使用した「ビビッドライト」は、50%グレーを基準として、コントラストの増減を行う。この作例の画像では、暗い色が重なった部分はより濃い色になり、明るい色が重なった部分はより薄い色になる。

2 「SKETCH」レイヤーと背景レイヤーが組み合わされ、イラスト風の表現になった。

STEP4 調整レイヤーを利用して調整する

1 「SKETCH」レイヤーを選択する。メニューから[レイヤー]→[新規調整レイヤー]→[レベル補正]を選択する。

HINT 調整レイヤーは、下層にあるレイヤーのピクセル値を直接変更せずに、レベル補正やコントラスト調整などを行えるようにする機能である。ここではレベル補正用の調整レイヤーを作成している。各レイヤーを直接調整する場合とは異なり、後から設定値の再調整が行えるため、完成するまで微調整を繰り返したいときに役立つ。調整レイヤーは[色調補正]パネルからも作成できる。

クリックするとレベル補正用の調整レイヤーが作成される

2 [新規レイヤー]ダイアログの[下のレイヤーを使用してクリッピングマスクを作成]にチェックを入れ、[OK]をクリックする。

3 「レベル補正1」調整レイヤーが作成された。この調整レイヤーは直下のレイヤーのみに効果を与えるため、下向きの矢印 が表示されている。

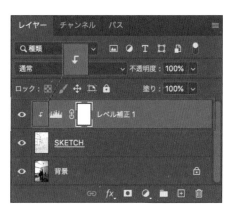

HINT 標準の調整レイヤーは下層にあるすべてのレイヤーに影響を与えるが、2 のように設定して作成した調整レイヤーは直下のレイヤーのみに影響を与えるようになる。[色調補正]パネルから調整レイヤーを作成した場合は、調整レイヤーを右クリックして[クリッピングマスクを作成]を選択すれば、同様の設定になる。

4 ［プロパティ］パネルが表示されていない場合は、「レベル補正」調整レイヤーのレベル補正アイコン
をダブルクリックして［プロパティ］パネルを表示する。

5 ［プロパティ］パネルでレベル補正スライダのシャドウ領域のつまみ▲と中間調領域のつまみ▲を
ドラッグして図のように配置する。「SKETCH」レイヤーにレベル補正が適用された結果、黒の輪郭
線が強くなり、塗りの部分がよりかすれた雰囲気になる。

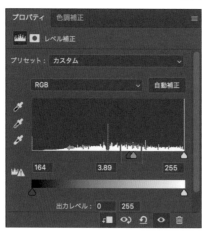

COLUMN ➤ レベル補正

レベル補正はトーンカーブ（P.83参照）に似た機能
で、3つのつまみをドラッグして画像のシャドウ領域、中
間調領域、ハイライト領域をそれぞれ調整できる。

［出力レベル］の値は、全体の明暗を調整する。左側が
シャドウ、右側がハイライトを表す。

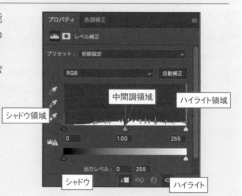

6 ［プロパティ］パネルの設定をいろいろ試し、理想的な表現ができるまで調整を行う。調整レイヤーを
利用しているため、PSDファイルを保存しておけば、後から何度でも設定を変更できる。

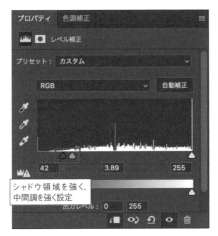

シャドウ領域を強く、
中間調を強く設定

シャドウ領域を強く、
中間調をやや強く設定

［出力レベル］を
明るく設定

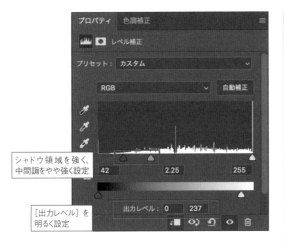

「建築写真」に使えるテクニック

13 パノラマ画像を作成する

Ps Ai

この作例で使用するファイルは、教材データの「ch3」-「tech13」フォルダにあります。
作業前のファイル:「PANO_01.jpg」〜「PANO_09.jpg」 完成版ファイル:「3_13_AFTER.jpg」

BEFORE

AFTER

Photoshopのフォトマージ(Photomerge)機能を使用すると、広範囲の風景を何回かに分けて撮影した画像を結合して、1枚の写真にしたパノラマ画像を作成できます。ここでは、9枚の写真を使用して360°のパノラマ画像を作成します。

STEP1 画像を読み込む

1 パノラマ画像用に撮影した写真を1つのフォルダにまとめておく。

HINT この作例で使用する画像ファイルは、教材データの「ch3」-「tech13」-「PANORAMA」フォルダに収録されている。なお、パノラマ画像の素材となる一連の写真は、左右の被写体が少しずつ重なるように撮影する必要がある。

2 メニューから[ファイル]→[自動処理]→[Photomerge]を選択し、[Photomerge]ダイアログを表示する。

3 [レイアウト]の[自動設定]を選択し、[ソースファイル]の[使用]から[フォルダー]を選択する。[参照]をクリックする。

HINT [使用]から[フォルダー]を選択すると、選択したフォルダー内のすべての画像がパノラマ作成に使用される。[ファイル]を選択すると、使用する画像を個別に選択できる。

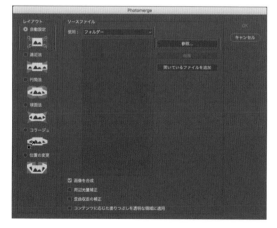

4 ［フォルダを選択］ダイアログで、**1** で用意
したフォルダを選択し、［開く］をクリック
する。

5 選択したフォルダ内の画像ファイルが
［ソースファイル］のリストに一覧表示され
ていることを確認し、［OK］をクリックする。

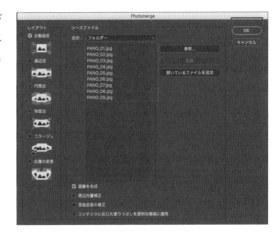

6 指定したファイルが個別のレイヤーに読み込まれ、自動的に適切な位置に整列される（この処理には
やや時間がかかる）。

画像の位置が適切に
判断され、整列される

STEP2　画像を結合する

1 ［レイヤー］パネルのパネルメニューアイコンをクリックし、メニューから［レイヤーを結合］を選択する。

2 レイヤーが結合され、1つのパノラマ画像が作成された。自動処理の結果、パノラマ画像の4辺が直線でなくなっているので、次のステップで形を整える。

STEP3　画像を長方形に切り抜く

1 作業しやすいように画像の左側を拡大表示する。

2 ツールボックスの[切り抜きツール]を選択し、オプションバーで[比率]を選択する。

3 作業ウィンドウに破線の切り抜きボックスが表示されるので、左上隅のハンドルにカーソルを合わせる。

切り抜きボックス

4 ハンドルを内側にドラッグして、画像の歪み部分が切り抜きボックス内に含まれないよう調整する。

ハンドルをドラッグして切り抜きボックスの大きさを調整

HINT 切り抜きボックスの内側の部分が最終的に切り抜かれ、外側の部分は切り落とされる。

5 同様に、左下隅のハンドルをドラッグして、切り抜きボックスの大きさを調整する。

6 画像右側にスクロールし、同様にして、切り抜きボックスの大きさを調整する。

7 切り抜きボックスの大きさが決まったら、オプションバーの[○]をクリックする。

8 切り抜きが実行され、パノラマ画像が長方形に整えられる。

第 4 章

「建築パース」に使える
テクニック

　建物のパース画像に青空や窓ガラス越しの風景を合成したり、樹木や人物を添景とし
て追加したりすると、より現実感のある、印象的なプレゼンテーション用のイメージにする
ことができます。ここでは、画像の合成について解説します。

「建築パース」に使えるテクニック
1

建築物の背景に空を合成する①
パスを利用した切り抜き

この作例で使用するファイルは、教材データの「ch4」-「tech01」フォルダにあります。
作業前のファイル:「4_01_BEFORE.jpg」　完成版ファイル:「4_01_AFTER.psd」

BEFORE

AFTER

建物のみのパース画像に空などの背景を合成すると、臨場感を高めることができます。自然な合成をするには、パース画像から建物の部分だけを切り抜く必要があります。ここでは、基本的なパスで建物のアウトラインを作成し、それを選択範囲にして建物部分を切り抜きます。また、建物部分と背景画像を別々のレイヤーに配置しておくと、背景を簡単に差し替えることができます。これは建築物の外観写真にも応用できるテクニックです。

STEP1　切り抜き用のパスを作成する（建物の輪郭）

1 パースの画像ファイル（4_01_BEFORE.jpg）を開き、ツールボックスの[ペンツール]を選択する。

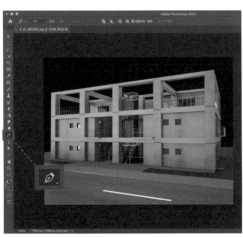

2 画面を拡大表示し、パスの始点となるアンカーポイントをクリックして作成する。ここでは地面の端点に作成した。

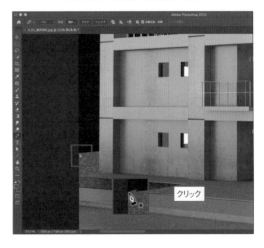

3 続いて建物のアウトライン上にある端点をクリックし、2つ目のアンカーポイントを作成する。この時点でパスが作成される。

クリック

4 同様に、画面の拡大／縮小表示とスクロールを繰り返しながら、図にオレンジ色で示した建物と地面のアウトラインを囲むようにアンカーポイントを作成していく。最後に、始点のアンカーポイントにカーソルを合わせ、カーソルの先に「○」が表示されることを確認してクリックし、パスを閉じる。

クリックしてパスを閉じる

> **HINT** ベランダの手すり部分など、細部も大きく拡大表示して丁寧にアンカーポイントを作成していくと、最後に合成したときの完成度が高くなる。
>
>

COLUMN アンカーポイントの配置を修正するには

クリックした位置が悪く、アンカーポイントがうまく配置できなかった場合には、command＋Z／Ctrl＋Zキーを押して、直前に配置したアンカーポイントを取り消すことができる。

また、パスをいったん作成した後に、パス選択ツール を使用してパスのアンカーポイントを選択し、ドラッグして位置を調整することもできる。

5 ［パス］パネルのパネルメニューアイコンを
クリックし、メニューから［パスを保存］を
選択する。

6 ［パスを保存］ダイアログで、［パス名］に
「OUTLINE」と入力し、［OK］をクリックす
る。

7 現在のパスが「OUTLINE」という名前で保
存される。

COLUMN ■ 作業用パス

　Photoshopのペンツールでパスを作成すると、［パス］パネルに
「作業用パス」と表示される。作業用パスはファイルを保存するのと
同時に保存される。だが、あくまでも一時的なパスなので、次回ファ
イルを開き、新たな作業用パスを作成すると、以前の作業用パスは
破棄されてしまう。複雑な切り抜きに必要なパスを一気に作成する
ことは難しいので、［パスを保存］コマンドでパスを保存しておくとよ
い。

STEP2 くり抜き用のパスを作成する（建物内側と手すり部分）

1 パスツールを使用して、図のように建物内側のくり抜きたい部分にもパスを作成する。拡大表示をしながら、手すりなどの細かい部分にも丁寧にパスを作成する。

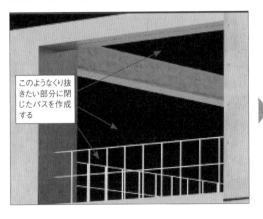

このようなくり抜きたい部分に閉じたパスを作成する

STEP3 パスから選択範囲を作成する

1 ［パス］パネルの「OUTLINE」パスを選択する。パネルメニューアイコンをクリックし、メニューから［選択範囲を作成］を選択する。

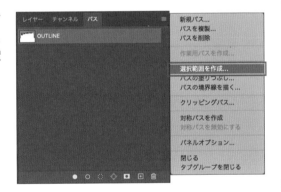

2 ［選択範囲を作成］ダイアログが表示されるので、そのまま［OK］をクリックする。

3 作成したパスが選択範囲になり、建物と地面の部分のみが選択される。

HINT パース画像から切り抜く部分を選択するには、これ以外にも、アルファチャンネルを利用する方法（P.124の「テクニック2」参照）や、自動選択ツールを利用する方法（P.126の「テクニック3」参照）がある。

STEP4 選択範囲を複製して建物部分を切り取る

1　メニューから[編集]→[コピー]を選択し、同じく[編集]→
[ペースト]を選択すると、「レイヤー1」レイヤーが作成され、
選択範囲(建物と地面)の画像が複製される。

2　[レイヤー]パネルの背景レイヤーを非表示にして、切り抜きの結果を確認する。

3　「レイヤー1」レイヤーの名前を「ARCHI」に変更する。

HINT　レイヤーの名前を変更するには、[レイヤー]パネルでそ
のレイヤー名をダブルクリックし、新しい名前を入力す
ればよい。

STEP5 空の画像サイズを調整する

1 まず、現在開いているパース画像の解像度を確認する。メニューから[イメージ]→[画像解像度]を選択し、[画像解像度]ダイアログを表示する。[寸法]と[解像度]の値を書き留めて([寸法]＝1555 pixel × 1166 pixel、[解像度]＝350 ppi)、[OK]をクリックする。

2 メニューから[ファイル]→[開く]を選択し、合成用の空の画像ファイル(SKY.jpg)を開く。

3 メニューから[イメージ]→[画像解像度]を選択し、[画像解像度]ダイアログを表示する。空の画像の[寸法]と[解像度]の値を確認する([寸法]＝2000 pixel × 1400 pixel、[解像度]＝350 ppi)。 1 で書き留めた値と比べると、空の画像のほうがパース画像よりも横幅が広いことがわかる。

4 空の画像の横幅をパース画像に合わせて縮小するために、[再サンプル]にチェックを入れて[自動]を選択し、[幅]に「1555」と入力する。これにより、[寸法]が自動的に「1555」pixel × 「1089」pixelに変化する。[OK]をクリックする。

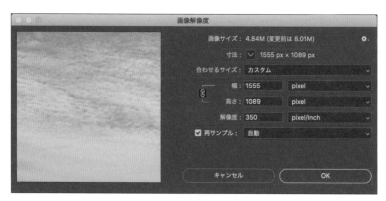

> HINT 縮小した結果、空の画像の高さがパース画像よりも低くなってしまうが、この作例では道路などで隠れてしまうので、気にする必要はない。

COLUMN ▶ 合成する背景画像のサイズ

　パース画像に背景画像などを合成するときは、十分な大きさ（ピクセル数）があるかどうかを事前に確認することが重要だ。

　背景画像のピクセル数がパース画像よりも少ないと、合成したときに背景画像がパース画像より小さくなってしまう（下の図は、1555×1166ピクセルのパース画像に900×630ピクセルの背景画像を合成しようとした場合）。このとき、背景画像を拡大してサイズを合わせるという方法もあるが、画質が下がってしまうのでお勧めできない。

　逆に、背景画像のピクセル数がパース画像よりも多いときは、パース画像に合わせて縮小すればよい。背景画像とパース画像のピクセル数を合わせておけば、合成したときにぴたりと合う。画像サイズの調整についてはP.17を参照。

STEP6　空の画像を合成する

1 メニューから[選択範囲]→[すべてを選択]を選択し、同じく[編集]→[コピー]を選択して、選択範囲をコピーする。

2 パース画像のウィンドウに切り替え、メニューから[編集]→[ペースト]を選択すると、「レイヤー1」レイヤーが作成され、空の画像が読み込まれる。

3 [レイヤー]パネルで「レイヤー1」レイヤーをドラッグして、「ARCHI」レイヤーの下に移動し、空の画像を背面に送る。

4 レイヤーの順番が入れ替わり、建物の背景に空が配置される。位置がずれている場合は、必要に応じて調整する。

「建築パース」に使えるテクニック **2**

建築物の背景に空を合成する②
アルファチャンネルを利用した切り抜き

Ps　Ai

この作例で使用するファイルは、教材データの「ch4」-「tech02」フォルダにあります。
作業前のファイル：「4_02_BEFORE.bmp」　完成版ファイル：「4_02_AFTER.psd」

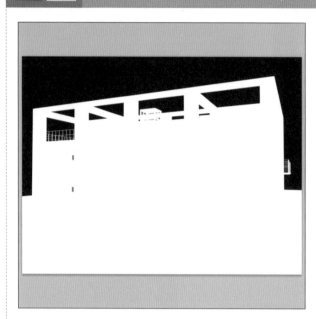

多くの3Dアプリケーションでは、画像をレンダリングする際に、背景部分にアルファチャンネルを設定できます。このアルファチャンネルをマスクとして利用すると、背景以外の部分を簡単に切り抜くことができます。ここでは、建築パースの画像に含まれているアルファチャンネルから選択範囲を作成して、効率的に切り抜きを行います。

STEP1 アルファチャンネルから選択範囲を作成する

1 パースの画像ファイル（4_02_BEFORE. bmp）を開き、[チャンネル] パネルにアルファチャンネル（アルファチャンネル1）が存在することを確認する。

COLUMN アルファチャンネル

アルファチャンネルは、RGBチャンネルとは別に、補助的なデータを保管できるチャンネルである。アルファチャンネルには白～黒のグレースケールの階調があり、この作例のように明確に白と黒を分けたマスクとして使用するほかに、グラデーションを設定して、半透明なマスクとして使用することもできる（P.154の「テクニック11」を参照）。また、選択範囲の保存用としての利用も可能。

2 メニューから[選択範囲]→[選択範囲を読み込む]を選択する。[選択範囲を読み込む]ダイアログの[チャンネル]で「アルファチャンネル1」を選択し、[OK]をクリックする。

3 アルファチャンネルから選択範囲が作成される。

STEP2 建物部分を切り取って空の画像を合成する

1 P.120の STEP4 の手順に従い、選択範囲を切り抜いた画像をコピーして、新しいレイヤーに複製する。

2 P.121〜123の STEP5 〜 STEP6 の手順に従い、空の画像（SKY.jpg）を合成する。

「建築パース」
に使える
テクニック

3

Ps　Ai

建築物の背景に空を合成する③
自動選択ツールを利用した切り抜き

この作例で使用するファイルは、教材データの「ch4」-「tech03」フォルダにあります。
作業前のファイル:「4_03_BEFORE.jpg」　完成版ファイル:「4_03_AFTER.psd」

3Dアプリケーションで背景を設定しなかった場合、レンダリング出力の背景は、通常は黒など一色になります。このように背景が単色であるときは、自動選択ツールを使用すると背景部分を効率的に選択できます。複雑な形状の建物の場合は、すべてのアウトラインをパスで作成しようとするととても手間がかかるので、自動選択ツールを併用すると効率的です。

STEP1　選択範囲を作成する

1　パースの画像ファイル（4_03_BEFORE.jpg）を開き、ツールボックスの[自動選択ツール]を選択する。オプションバーの[許容値]に「5」と入力し、[隣接]にチェックを入れる。

COLUMN　自動選択ツール

　自動選択ツールは、隣接するピクセルの近似色を自動的に選択する。どの程度まで似た色を選択するかは、オプションバーの[許容値]の値によって決まる。[許容値]を大きくしすぎると不要な部分まで選択されてしまうので、ここではできる限り小さな値を設定したほうがよい。

2 自動選択ツールのカーソルで黒い背景の領域をクリックすると、建物の外側の背景がすべて選択される。

クリック

3 shift キーを押しながら柱や梁の間にある黒い領域をクリックし、これらの部分も追加選択していく。正確な操作が必要なので、拡大表示しながら作業する。

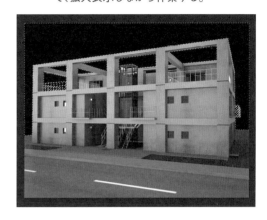

4 すべての背景を選択したら、メニューから[選択範囲]→[選択範囲を反転]を選択し、建物と地面の部分を選択範囲にする。

HINT 意図とは異なる範囲が選択されてしまった場合は、option / Alt キーを押しながら失敗した場所をクリックすると、その範囲を選択から除外できる。

HINT 細かく入り組んでいる部分や、ピクセルの色が曖昧な部分では、自動選択ツールではうまく選択範囲を作成できないことがある。このような場合は、パスを作成する方法のほうが確実に必要な範囲を選択できる。

STEP2 建物部分を切り取って空の画像を合成する

1 P.120の STEP4 の手順に従い、選択範囲を切り抜いた画像をコピーして、新しいレイヤーに複製する。

2 P.121～123の STEP5 ～ STEP6 の手順に従い、空の画像(SKY.jpg)を合成する。

「建築パース」に使えるテクニック **4**

Ps Ai

建築パースに樹木を合成する

この作例で使用するファイルは、教材データの「ch4」-「tech04」フォルダにあります。
作業前のファイル:「4_04_BEFORE.psd」 完成版ファイル:「4_04_AFTER.psd」

BEFORE

AFTER

建築パースに樹木を合成すると、臨場感や暖かみを与えることができます。ただし、樹木は細かな枝葉が多いため、合成用の画像を切り抜く際の範囲選択に手間がかかることがあります。ここでは、クイック選択ツールと「境界線を調整」機能を使用して、樹木の画像を効率的に切り抜いて合成する方法を紹介します。

STEP1 選択範囲を作成する

1 樹木の画像ファイル(TREE.jpg)を開く。できるだけ樹木と背景の境界線がはっきりしている画像を用意するとよい。

2 ツールボックスの[クイック選択ツール]を選択する。①オプションバーの[ブラシピッカー]をクリックし、ブラシの直径を「5px」に設定する。②[選択範囲に追加]を選択する。

②[選択範囲に追加]

①ブラシの直径を設定

3 樹木の中心付近でプレスし、そのまま上方向へドラッグすると、自動的に樹木の上部の領域をカバーする選択範囲が作成される。

プレスして
ドラッグ

4 樹木の下部でも細かくプレスとドラッグを繰り返し、選択範囲を拡張していく。

HINT
2 で[選択範囲に追加]を選択しているため、[shift]キーを押さなくても自動的に追加選択が行われる。

HINT
不要な部分まで選択されてしまった場合は、[option]/[Alt]キーを押しながら不要な範囲をドラッグすると、その範囲を選択から除外できる。

5 樹木を大まかにカバーする選択範囲を作成する。細かい部分は後で調整するので、この段階では、空や建物などが選択範囲にほんの少し含まれていても気にしなくてよい(ただし、明らかに不要な部分はこの時点で除外しておく)。

HINT
より正確な選択範囲を作成したい場合は、クイック選択ツールのブラシサイズを1〜3pxなどさらに小さく設定し、詳細部分を拡大表示しながら、選択範囲を追加していくとよい。

STEP2 選択範囲を調節する

1 オプションバーの[選択とマスク]をクリックする。[属性]パネルが表示される。

2 [属性]パネルの[表示モード]で[オーバーレイ]を選択する。選択範囲に含まれていない領域が作業ウィンドウ内で赤く表示され、樹木の上部や下部でまだ適切な選択範囲を作成できていないことがわかる（ STEP1 で作成した選択範囲によって、図とは異なる部分が赤く表示される場合がある）。

空のピクセルが選択されている

アウトラインが不自然

COLUMN ▶ ■ [属性]パネルのオプション

[属性]パネルのオプションを使用すると、選択範囲の境界線を柔軟に制御できる。ここでは、本文で使用しているオプションの機能を簡単に紹介する。

- [半径]:選択範囲の境界線に基づいて範囲を広く狭くする。境界線の太さと考えるとよい。
- [スマート半径]:選択範囲の境界を、[半径]に指定した半径内のピクセルの色に基づいて自動調整する。
- [コントラスト]:値を大きくすると、選択範囲の境界を明確にできる。より詳細に選択範囲を決定できるが、近似色を選択してしまいやすいので注意する。
- [エッジをシフト]:負の値を指定すると、選択範囲の境界が内側に移動する。これにより、境界付近の余計なピクセルを選択範囲から除外できるが、あまり小さく設定すると選択範囲内のやや異なる色の部分が除外されやすいので注意する。

3 [属性]パネルで、[エッジの検出]と[グローバル調整]を図のように設定する。作図ウィンドウの表示
が更新され、選択範囲の境界線がより細かく調整されたことがわかる。ただし、この時点では、まだフ
リンジ(余分な領域)が存在する。

まだフリンジが
残っている

HINT [半径]および[エッジをシフト]に設定する値は、元の選択範囲に含まれるピクセルに応じて変更
する必要がある。作業ウィンドウ内のプレビューを見ながら、理想的なマスクが作成されるよう
に値を調整する。

4 ツールボックスの[ズームツール]と
[手のひらツール]を使用して、フリ
ンジのある場所を拡大表示する。

5 ツールボックスの[境界線調整ブラ
シツール]をクリックし、オプション
バーの[直径]を「35 px」にする。

6 フリンジ部分からその周囲を含め、塗りつぶすようにドラッグする。

7 ドラッグした範囲のフリンジ部分が除去される。この作業を繰り返し、フリンジを消去していく。

HINT [属性]パネルのオプションによる調整効果を一部取り消したい場合は、ツールボックスの[境界線調整ブラシツール]を選択し、対象部分をドラッグする。

8 全体を確認し、理想的な選択範囲が作成されたら、[属性]パネルの[出力設定]の[出力先]で[新規レイヤー]を選択する。[OK]をクリックして[属性]パネルを閉じる。

9 「背景のコピー」レイヤーが作成され、選択範囲の樹木が複製される。[レイヤー] パネルの背景レイヤーは自動的に非表示になり、切り抜きの結果が表示される。

HINT この時点でまだ不要な領域が残っている場合は、パスや自動選択ツールなどで不要な領域を選択して消去する。このとき、切り抜いた樹木のレイヤーの下に単色で塗りつぶされたレイヤーを作成しておくと確認しやすい。

STEP3 樹木の画像を合成する

1 メニューから[選択範囲]→[すべてを選択]を選択し、同じく[編集]→[コピー]を選択して、選択範囲をクリップボードにコピーする。

2 パース画像のファイル（4_04_BEFORE.psd）を開き、メニューから[編集]→[ペースト]を選択する。「レイヤー1」レイヤーが作成され、樹木の画像が読み込まれる。

3 メニューから[編集]→[変形]→[拡大・縮小]を選択する。バウンディングボックスの右下の端点をプレスし、shift キーを押しながら左上に向かってドラッグする。

HINT shift キーを押しながらドラッグすると、縦横比を維持したまま拡大・縮小できる。

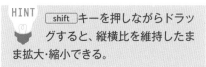
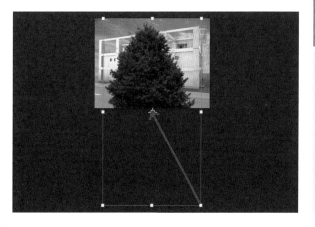

4 樹木が適切なサイズに縮小された
ら、オプションバーの［○］をク
リックして確定する。

HINT 合成した画像が周囲に比べて
暗すぎる（明るすぎる）場合は、
画像の色調補正を行うとよい。色調補
正については、P.82の「テクニック3」
を参照。

5 樹木のレイヤーの名前を「TREE」に変更する。「TREE」レイヤーを「ARCHI」レイヤーと「SKY」レイ
ヤーの間に移動して、樹木を建物の後ろ（背面）に置く。

HINT レイヤー名の変更についてはP.120の
HINTを参照。

6 「TREE」レイヤーを選択した状態で［レイ
ヤー］パネルのパネルメニューアイコンを
クリックし、メニューから［レイヤーを複
製］を選択する。

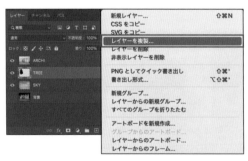

HINT レイヤーを右クリックして、メニューか
ら［レイヤーを複製］を選択してもよい。

7 ［レイヤーを複製］ダイアログで必要に応じて
レイヤー名を変更し、［OK］をクリックする。

8 「TREE」レイヤーと同位置に樹木が複製された新しいレイヤーができる。

9 ツールボックスの[移動ツール]を選択し、画像上でドラッグして、複製された樹木を左に移動する。

10 6〜9と同様にして、ほかの樹木を複製し、サイズと配置を調整する。建物の手前にも別の樹木の画像（TREE02.jpg）と草の画像（GRASS.jpg）を追加して、雰囲気を整える。

「建築パース」に使えるテクニック **5**

建築パースに人物を合成する①
人物の影を表現

Ps Ai

この作例で使用するファイルは、教材データの「ch4」-「tech05」フォルダにあります。
作業前のファイル：「4_05_BEFORE.jpg」　完成版ファイル：「4_05_AFTER.psd」

BEFORE

AFTER

商業施設など、人が行き交うような空間のパースに人物を配置すると、スケール感や躍動感を表現することができます。合成した人物を周囲になじませるには、床に落ちる影を追加することが重要です。ここでは人物の画像を加工して、影の表現を作成します。

STEP1　人物画像のサイズを調整する

1　人物のみ切り抜かれた画像ファイル（MAN.psd）を開く。メニューから[選択範囲]→[すべてを選択]を選択し、同じく[編集]→[コピー]を選択して、人物画像をクリップボードにコピーする。

2　パースの画像ファイル（4_05_BEFORE.jpg）を開き、メニューから[編集]→[ペースト]を選択して人物画像をペーストする。人物画像が新しい「レイヤー1」レイヤーに配置されるので、適切な位置に移動する。

HINT　人物を切り抜くには自動選択ツール（P.126の「テクニック3」参照）やクイック選択ツール（P.128の「テクニック4」参照）を使用する。

3 「レイヤー1」レイヤーの名前を「HUMAN」に変更する。

> **HINT** レイヤー名の変更についてはP.120の
> HINTを参照。

4 メニューから[編集]→[変形]→[拡大・縮小]を選択する。バウンディングボックスの左上の端点をプレスし、 shift キーを押しながら右下に向かってドラッグし、適切なサイズに縮小する。

5 オプションバーの[○]をクリックして変形を確定する。

6 「HUMAN」レイヤーを複製し、レイヤーの名前を「SHADOW」に変更する。このレイヤーを「HUMAN」レイヤーの下(背面)に移動し、非表示にする(このレイヤーは後で影として使用する)。

> **HINT** レイヤーの複製についてはP.134の 6
> 〜 7 を参照。

STEP2 人物画像の不要部分を消去する

1 現時点では、人物が手すりの手前にいるように見えるため、不要な部分を消去して、手すりの向こう側にいるように見せる必要がある。

2 [レイヤー]パネルで「HUMAN」レイヤーを選択し、[不透明度]に「70%」と入力する。人物の画像が半透明になり、隠れていた手すりが透けて見えるようになる。

3 ツールボックスの[ペンツール]を選択し、人物に重なっている手すり部分を、図にオレンジ色で示したようにパスで囲んでいく。

HINT パスの作成についてはP.116の「テクニック1」を参照。

4 不要な範囲を囲むパスを作成したら、パス
から選択範囲を作成する。

HINT パスから選択範囲を作成する方法につ
いてはP.119の **STEP3** を参照。

5 [delete]キーを押し、選択範囲内を消去する。[レイヤー]パネルの[不透明度]を「100%」に戻すと、人
物の手前に手すりがある状態になる。

STEP3 人物の影の形状を作成する

1 [レイヤー]パネルで「SHADOW」レイヤー
を選択し、非表示から表示に切り替える。

2 メニューから[編集]→[パスを変形]→[多
方向に伸縮]を選択する。オプションバー
で[基準点]を「中下」に設定する。

ここが基準点になる

3 バウンディングボックスの上辺中央のハンドルをドラッグし、人物の画像を影らしい形に変形させる。

4 オプションバーの[○]をクリックして変形を確定する。

STEP4 影を作成する

1 メニューから[イメージ]→[色調補正]→[露光量]を選択する。[露光量]ダイアログで[露光量]を「-20」とし、[OK]をクリックする。

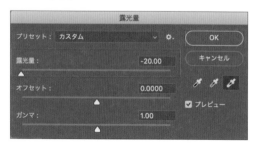

2 影の形状が黒くなる。

3 メニューから[フィルター] →[ぼかし] → [ぼかし（ガウス）] を選択する。[ぼかし（ガウス）] ダイアログで[半径]を｢5.5 pixel｣とし、[OK]をクリックする。

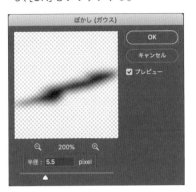

4 影の輪郭にぼかしが適用される。しかし、影が手すりの手前に表示されてしまっているので、修正の必要がある。

5 P.146の STEP2 と同様の手順で、不要部分を消去する。

6 人物が自然な雰囲気で合成される。

COLUMN ▷ 床やガラスへの反射の表現

　このテクニックを応用すると、床やガラスへの反射を表現できる。

　たとえば床への反射を表現するには、人物の画像を複製してメニューから[編集]→[変形]→[垂直方向に反転]を選択し、レイヤーの不透明度を30〜50%程度に設定する。

床への反射

「建築パース」に使えるテクニック 6

建築パースに人物を合成する②
動きのある表現

Ps **Ai**

この作例で使用するファイルは、教材データの「ch4」-「tech06」フォルダにあります。
作業前のファイル：「4_06_BEFORE.psd」　完成版ファイル：「4_06_AFTER.psd」

建物を引き立てるために人物を
イメージ的に配したい場合や、
動きのあるパースを作成したい
場合は、人物画像にモーション
ブラー（被写体ぶれ）を適用する
と効果的です。ここでは、［ぼか
し(移動)］フィルターを使用して
動きのある効果を作成します。

STEP1　人物が配置されたパースを準備する

1　パースの画像ファイル(4_06_BEFORE.
psd)を開く。このファイルの「HUMAN」
レイヤーには、切り抜かれた人物の画
像があらかじめ配置されている。

 HINT　人物画像の読み込みについては
P.136の STEP1 を参照。

STEP2 ぼかしを適用する

1 「HUMAN」レイヤーを選択する。

2 メニューから[フィルター]→[ぼかし]→[ぼかし（移動）]を選択する。[ぼかし（移動）]ダイアログで[距離]を「18 pixel」とし、[OK]をクリックする。

3 人物にモーションブラーが適用される。

HINT このテクニックを応用すると、街路を走り抜ける車なども表現できる。

「建築パース」
に使える
テクニック
7

Ps Ai

建築パースに人物を合成する③
人物のシルエットを透過させる

この作例で使用するファイルは、教材データの「ch4」-「tech07」フォルダにあります。
作業前のファイル:「4_07_BEFORE.jpg」 完成版ファイル:「4_07_AFTER.psd」

BEFORE

AFTER

建築パースに人物を配置するときに、実写ではなくシルエットのみを配置する場合があります。人物のシルエットを配置するのは建築模型でよく用いられる表現で、人物の存在感を弱め、建築そのものに注目させる効果があります。シルエットを透過させると、より見やすい表現になります。

STEP1 人物のシルエット画像をコピー&ペーストする

1 人物のシルエット画像のファイル(MALE.psd)を開く。「レイヤー1」レイヤーを選択し、レイヤー上のすべての画像を選択してクリップボードにコピーする。

2 パースの画像ファイル(4_07_BEFORE.jpg)を開き、人物のシルエットをペーストする。シルエットが新しい「レイヤー1」レイヤーに配置されるので、適切な位置に移動し、大きさを調整する。

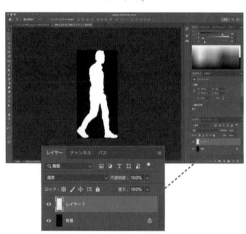

HINT すべてを選択してコピーする方法についてはP.136の STEP1 を参照。

HINT　人物のシルエットを独自に作成したい場合は、人物の輪郭に沿って選択範囲を作成した後で、メニューから[編集]→[塗りつぶし]を選択し、[塗りつぶし]ダイアログの[内容]で[ホワイト]または[ブラック]を選択すると簡単だ。選択範囲の作成については、P.116の「テクニック1」、P.126の「テクニック3」、P.128の「テクニック4」を参照していただきたい。

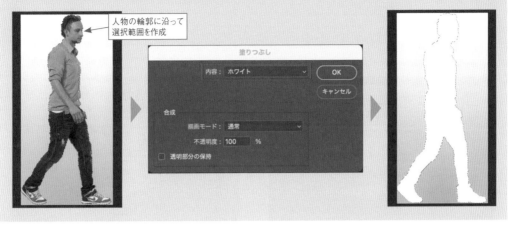

人物の輪郭に沿って
選択範囲を作成

STEP2　人物のシルエット画像の不透明度を変える

1　人物のシルエットが配置されているレイヤーの名前を「HUMAN」に変更する。「HUMAN」レイヤーを選択し、[レイヤーパネル]の[不透明度]を「35%」にする。

HINT　レイヤー名の変更についてはP.120のHINTを参照。

2　透過した人物のシルエットが配置される。

「建築パース」
に使える
テクニック

8

光を表現する①
窓から差し込む自然光

Ps　Ai

この作例で使用するファイルは、教材データの「ch4」-「tech08」フォルダにあります。
作業前のファイル:「4_08_BEFORE.jpg」　完成版ファイル:「4_08_AFTER.psd」

BEFORE

AFTER

光が窓から差し込んだときに、その光が空気中のチリやホコリに干渉して、光の帯のように見え
ることがあります。この光の効果を建築パースに取り入れると、全体的な雰囲気が柔らかくなり、
臨場感のある表現となります。このテクニックは、照明器具（白熱灯）のグロー（光のにじみ）や、
間接照明の光を再現する目的にも利用できます。

STEP1　光の図形用のレイヤーを作成する

1　パースの画像ファイル（4_08_BEFORE.
jpg）を開く。

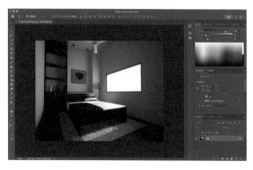

2　光の図形を作成するための新規レイヤー
を作成し、名前を「LIGHT」とする。

 HINT　新規レイヤーの作成については、P.40
の STEP1 を参照。

STEP2 光の図形を作成する

1 [ペンツール]を選択し、窓から入射する光に沿って、図にオレンジ色で示したような形のパスを作成する。

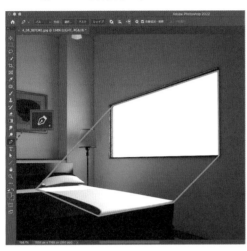

 HINT パスの作成についてはP.116の「テクニック1」を参照。

3 ツールボックスの[描画色]を白に設定する。

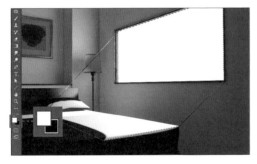

5 選択範囲が白で塗りつぶされる。メニューから[選択範囲]→[選択を解除]を選択し、選択を解除する。

2 パスから選択範囲を作成する。

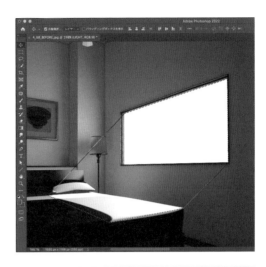

 HINT パスから選択範囲を作成する方法についてはP.119の STEP3 を参照。

4 メニューから[編集]→[塗りつぶし]を選択する。[塗りつぶし]ダイアログの[内容]で[描画色]を選択し、[OK]をクリックする。

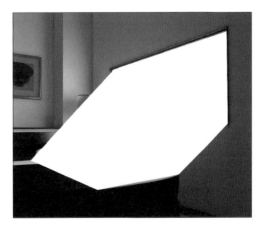

STEP3 光の図形にぼかしを適用する

1 [レイヤー]パネルで「LIGHT」レイヤーが選択されていることを確認し、メニューから[フィルター]→[ぼかし]→[ぼかし(移動)]を選択する。

2 [ぼかし(移動)]ダイアログで、作業ウィンドウ上のプレビューを見ながら、窓から差し込む光の角度に合わせて[角度]と[距離]の値を調節する。[OK]をクリックする。

3 光の図形にぼかしが適用される。

STEP4 レイヤーの透明度を設定する

1 [レイヤー]パネルで「LIGHT」レイヤーを選択し、[不透明度]を「40%」とする。

2 光の図形に透明度が与えられ、光の効果らしくなった。

STEP5 不要部分をトリミングする

1 窓枠の上側と右側からはみ出した光は、不要なので処理する。パス選択ツールを使用して、不要な部分を図にオレンジ色で示したように大まかにパスで囲む。

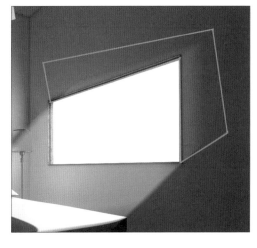

> **HINT** P.147の STEP2 で光の図形を作成するときに使用したパスが［パス］パネルの作業用パスに残っている場合は、このパスを編集して、トリミング用のパスを作成するとよい。具体的には、［パス］パネルで「作業用パス」を選択し、ツールボックスの［パス選択ツール］を選択して、パスのアンカーポイントを適宜移動する。

2 パスから選択範囲を作成する。

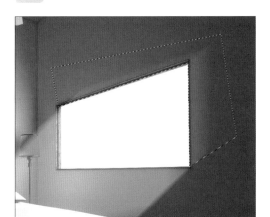

3 delete キーを押し、選択範囲を消去する。メニューから［選択範囲］→［選択を解除］を選択し、選択を解除する。

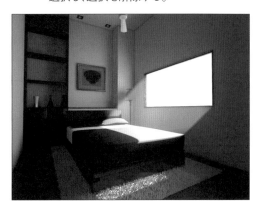

> **HINT** このテクニックを使うと、照明器具のグローなども表現できる。図では、楕円形ツールを使用してダウンライトの照射領域に楕円形の選択範囲を作成し、塗りつぶしとぼかしを適用することで、柔らかいグローを表現している。P.150の「テクニック9」では別の表現方法を解説しているので、そちらも参照していただきたい。

楕円形の選択範囲を作成して塗りつぶし、ぼかしを適用する

光を表現する②
照明器具のグロー

「建築パース」
に使える
テクニック
9

Ps Ai

この作例で使用するファイルは、教材データの「ch4」-「tech09」フォルダにあります。
作業前のファイル:「4_09_BEFORE.jpg」 完成版ファイル:「4_09_AFTER.jpg」

BEFORE

AFTER

照明器具のグローを簡単に表現するには、覆い焼きツールを使用します。P.149のHINTより大雑把な表現になりますが、こちらのほうが手軽に作成できます。厳密さよりも印象強さを優先する場合に便利なテクニックといえます。ここではダウンライトのグロー（光のにじみ）を作成します。

STEP1 パースの画像ファイルを開く

1 パースの画像ファイル(4_09_BEFORE.jpg)を開く。天井に埋め込まれたダウンライトの部分を拡大表示する。

STEP2 グローを適用する

1 ツールボックスの[覆い焼きツール]を選択する。オプションバーでブラシの直径を「80」に設定し、[範囲]を[中間調]、[露光量]を「100%」とする。

> **HINT**
> 覆い焼きツールは、画像の一部を明るくしたいときに使用する。覆い焼きツールでドラッグすると、その範囲が明るくなる。

2 2つのダウンライトの周囲をドラッグすると、覆い焼きが適用される。

3 ダウンライトのグローが表現される。

> **HINT**
> 明るさが足りない場合は、再度同じ部分をドラッグして覆い焼きを重ねると、より明るくできる。オプションバーの[範囲]で[ハイライト]を選択すると画像の明るい部分にのみ覆い焼きが適用され、[シャドウ]を選択すると画像の暗い部分にのみ覆い焼きが適用される。

「建築パース」に使える テクニック **10**

Ps Ai

光を表現する③ レンズフレア

この作例で使用するファイルは、教材データの「ch4」-「tech10」フォルダにあります。
作業前のファイル:「4_10_BEFORE.jpg」　完成版ファイル:「4_10_AFTER.psd」

BEFORE

AFTER

レンズフレアは、本来、とても明るい光源にカメラのレンズを向けた場合に発生する現象です。
建築の外観パースにレンズフレアを追加すると、華やかで明るい印象になります。建築パースの
演出テクニックの1つとして、効果的に利用しましょう。

STEP1　パースの画像ファイルを開く

1　パースの画像ファイル(4_10_
BEFORE.jpg)を開く。

1 メニューから[フィルター] →[描画] →[逆光] を選択する。[逆光] ダイアログで[レンズの種類] を「35mm」、[明るさ] を「135％」とし、[OK]をクリックする。

HINT [逆光] ダイアログのプレビュー領域に表示されるマークをドラッグすると、レンズフレアを追加する位置を指定できる。

2 レンズフレアが追加される。

COLUMN レンズフレアの追加は控えめに

[逆光] フィルターを使用するとレンズフレアを簡単に作成できるため、派手さを求めてレンズフレアを多用しがちである。しかし、レンズフレアを1つの画像にいくつも追加すると、うるさく、不自然な印象になる。特に、インテリアパースの画像にはあまり使わないほうがよい。図は悪い例。

ガラス窓から見える風景を表現する

「建築パース」に使える
テクニック
11

 Ps Ai

この作例で使用するファイルは、教材データの「ch4」-「tech11」フォルダにあります。
作業前のファイル:「4_11_BEFORE.jpg」 完成版ファイル:「4_11_AFTER.psd」

BEFORE

AFTER

室内からガラス越しに外の景色が見えるような効果を作成するには、背面に背景画像を重ねたうえで、ガラス部分に透明度を設定します。しかし、夜間のインテリアパースなどでは室内の様子がガラスの一部に反射している場合があるので、均一に透過させると不自然な結果になります。完全な透明から半透明へと徐々に透明度を適用するには、アルファチャンネルを利用します。

STEP1 必要なレイヤーを準備する

1 パースの画像ファイル(4_11_BEFORE.jpg)を開く。

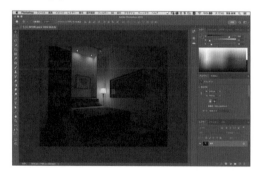

2 風景の画像ファイル(OUTSIDE.jpg)を開き、P.123の STEP6 の要領で風景の画像をパース画像のウィンドウにコピー&ペーストする。風景の画像は「レイヤー1」レイヤーに読み込まれるので、このレイヤーの名前を「OUTSIDE」に変更する。

 HINT レイヤー名の変更についてはP.120のHINTを参照。

3 背景レイヤーを複製し、レイヤーの名前を
「ROOM」に変更する。「ROOM」レイヤーを
「OUTSIDE」レイヤーの上（前面）に移動する。

4 背景レイヤーを非表示にする。

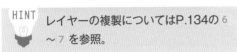

HINT レイヤーの複製についてはP.134の 6
〜 7 を参照。

STEP2 ガラス窓の選択範囲を作成する

1 「ROOM」レイヤーを選択する。

2 ツールボックスの［ペンツール］を選択し、
図にオレンジ色で示したように窓ガラスに
沿ってパスを作成する。

HINT パスの作成についてはP.116の「テク
ニック1」を参照。

3 パスから選択範囲を作成する。

HINT パスから選択範囲を作成する方法につい
てはP.119の STEP3 を参照。

4 メニューから[選択範囲]→[選択範囲を保存]を選択する。[選択範囲を保存]ダイアログで[名前]に「WINDOW」と入力し、[新規チャンネル]を選択し、[OK]をクリックする。

5 選択範囲が新しいアルファチャンネルとして保存される。このアルファチャンネルは[チャンネル]パネルに「WINDOW」という名前で表示される。

HINT アルファチャンネルについてはP.124のCOLUMNを参照。

STEP3 アルファチャンネルを設定する

1 [チャンネル]パネルで「WINDOW」チャンネルを選択し、すべてのチャンネルを非表示から表示に切り替える。

2 画像のマスク部分が赤く表示され、窓ガラス部分だけがマスクから除外されていることがわかる。

3 ツールボックスの[描画色]を黒（0/0/0）、[背景色]を白（255/255/255）に設定する。

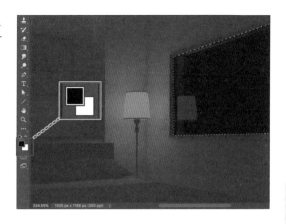

4 ツールボックスの[グラデーションツール]を選択する。オプションバーのドロップダウンリストで黒から白への線形グラデーションを選択する。

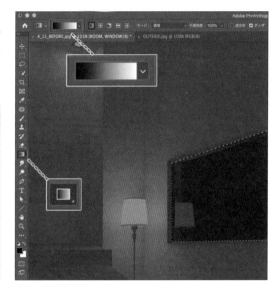

HINT ツールボックスに[グラデーションツール]が表示されていない場合は、[塗りつぶしツール]をプレスし、[グラデーションツール]を選択する。

COLUMN ▶ アルファチャンネルによるマスク

アルファチャンネルによるマスクは、0〜255のグレースケールで認識される。黒（0/0/0）はマスクされる範囲、白（255/255/255）はマスクされない範囲、中間調グレー（127/127/127）は半透明となる。

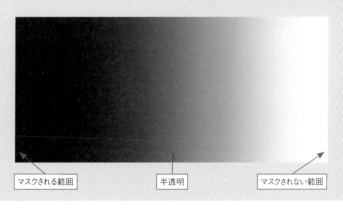

マスクされる範囲　　　半透明　　　マスクされない範囲

5 窓ガラス上をドラッグしてグラデーションを設定する。グラデーションがおおよそ図のような割合になるように何度か試しながら調整する。適切に設定できたら、メニューから[選択範囲]→[選択を解除]を選択して選択範囲を解除する。

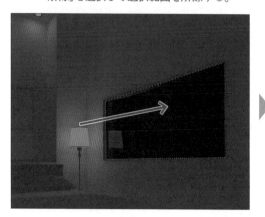

HINT このグラデーションは、マスクの強度を表している。上の図では、フロアランプ側(窓の左側)は強いマスクが適用され、窓ガラス右側に向かって徐々にマスクが薄れていく。最終的に、マスクがかかっていない部分に背景画像が表示されることになる。

STEP4 窓ガラスを透明にする

1 [チャンネル]パネルで「WINDOW」チャンネルを非表示にする。「RGB」チャンネルを選択する。

2 [レイヤー]パネルで「ROOM」レイヤーを選択する。

3　メニューから[選択範囲]→[選択範囲を読み込む]を選択し、[選択範囲を読み込む] ダイアログの[チャンネル]で「WINDOW」を選択し、[OK]をクリックする。

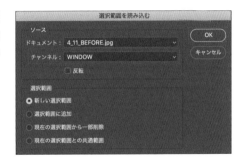

4　画像上に選択範囲が作成されるので、delete キーを押して選択範囲を消去する。窓の領域が消去され、「OUTSIDE」レイヤーの風景の画像が透けて見える。完成したら、メニューから[選択範囲]→[選択を解除]を選択して選択範囲を解除する。

HINT　窓のフロアランプに近い部分は半透明で、窓の右側の部分は完全に透明になるため、フロアランプの映り込みが風景の画像に自然になじんでいることに注目してほしい。

HINT　画像を透過させるには、P.188の「テクニック6」で紹介しているレイヤーマスクを使用する方法もある。

「建築パース」
に使える
テクニック

12

外観パースの一部を透過させて内観を見せる

この作例で使用するファイルは、教材データの「ch4」-「tech12」フォルダにあります。
作業前のファイル:「4_12_BEFORE.jpg」 完成版ファイル:「4_12_AFTER.psd」

BEFORE

AFTER

建物の外観パースの一部を透過させて内観パースを見せる手法は、建物の利用イメージを想像させるのに効果的であるため、プレゼンテーションでもよく使用されます。さらに、あらかじめ用意しておいた外観パースのアウトライン画像と合成して建物の輪郭を強調すると、外観と内観の関係性を際立たせることができます。

STEP1 外観パースのファイルを準備する

1 外観パースの画像ファイル(4_12_BEFORE.jpg)を開く。

2 背景レイヤーを複製し、名前を「OUTSIDE」とする。背景レイヤーを非表示にする。

 HINT レイヤー名の変更についてはP.120のHINTを参照。

STEP2 内観パースのファイルを準備する

1 内観パースの画像ファイル（inside.jpg）を
開く。すべてを選択し、クリップボードにコ
ピーする。

HINT すべてを選択してコピーする方法につ
いては、P.136の 1 〜 2 を参照。

2 STEP1 の外観パースに戻り、メニューから
[編集] →[特殊ペースト] →[同じ位置に
ペースト] を選択して内観パースをペース
トする。内観パースが新しいレイヤー「レイ
ヤー1」に配置される。

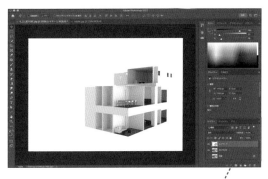

HINT このように画像を重ね合わせるとき
は、画像の位置関係とサイズを揃えて
おくことが基本となる。[同じ位置にペースト]
を使用すると、コピー元の画像と同じ位置に確
実にペーストされるので、ずれを防止できる。
特に、画像の一部を選択してコピー&ペースト
したい場合に有効である。

3 「レイヤー1」レイヤーを「OUTSIDE」レイ
ヤーの下に移動し、名前を「INSIDE」とす
る。

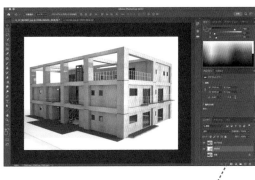

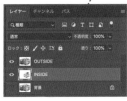

外観の一部を透過させる

1 「OUTSIDE」レイヤーを選択し、[不透明度] を「50%」に設定する。外観パースが半透明になる。

HINT レイヤーを半透明にすると、外観パースと内観パースがどう重なっているかがわかるので、以降の作業がしやすくなる。

2 ツールボックスから[長方形選択ツール]を選択する。オプションバーの[ぼかし]を「80px」とする。

HINT ここでは、選択範囲の境界をぼかすために[ぼかし]を設定している。これにより、後で選択範囲のピクセルを削除したときにグラデーションのような効果となる。

3 透過させたい範囲(ここでは建物の手前の角の部分)をドラッグして、選択範囲を作成する。

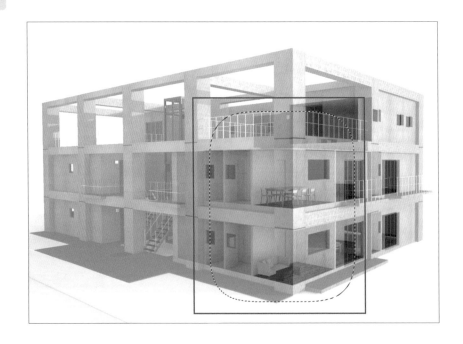

4 「OUTSIDE」レイヤーの［不透明度］を「100%」に戻す。外観パースが不透明になる。

5 delete キーを押して、選択範囲のピクセルを削除する。メニューから［選択範囲］→［選択を解除］を選択して選択範囲を解除する。外観パースの一部が透過し、内観パースが見えるようになった。この状態を完成としてもよい。

HINT 思いどおりの結果にならなかった場合は、option ＋ command ＋ Z / Alt ＋ Ctrl ＋ Z キーを何回か押して削除を取り消し、 3 で選択範囲を作成するところからやり直す。ぼかしが大きすぎる場合は、 2 で設定した［ぼかし］の値を小さくする。

HINT 画像を透過させるには、P.154の「テクニック11」で紹介するアルファチャンネルや、P.188の「テクニック6」で紹介するレイヤーマスクを使用する方法もある。

STEP4 外観パースの輪郭を合成する

外観パースの輪郭線を含む画像ファイル（outside_wire.psd）を開く。「レイヤー1」レイヤーをすべて選択し、クリップボードにコピーする。

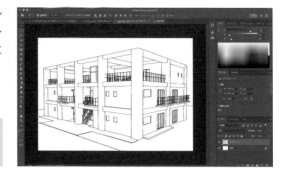

HINT
すべてを選択してコピーする方法については、P.136の 1 ～ 2 を参照。

STEP4 で内観パースを透過させた外観パースの画像ファイル（4_12_BEFORE.jpg）に戻り、メニューから［編集］→［特殊ペースト］→［同じ位置にペースト］を選択してペーストする。輪郭線が新しい「レイヤー1」レイヤーに配置される。

HINT
輪郭線を配置した「レイヤー1」レイヤーが一番上になるようにする。

3
輪郭が合成され、外観と内観の関係性がわかりやすくなった。

第**5**章

「プレゼンシート」に使えるテクニック

　プレゼンシートを作成するときは、見やすく、わかりやすいレイアウトを心がける必要があります。建物の雰囲気が伝わるように、外観画像や室内画像を組み合わせ、さらにロゴや地図、テキストを配置しながら、レイアウトを作成していきます。ここでは、基本的なプレゼンシートの作成方法を紹介します。

緑茂る土地に佇む集合住宅。RC造の無骨な建築と緑多き土地というアンバランスな関係も、時が経つにつれ中庭に植えられた植物が育つことで周囲との一体感が生まれることでしょう。時代とともに緑に覆われ、鳥の声が内から外から聞こえてきます。この囲いとなっている住宅を自然がどのように囲ってゆくのか、自然の移ろいと共に生活する喜びがここにあります。

「プレゼンシート」に使えるテクニック
1
Ps Ai

ロゴを作成する①　下絵のトレース

この作例で使用するファイルは、教材データの「ch5」-「tech01」フォルダにあります。
完成版ファイル:「5_01_AFTER.ai」

BEFORE

AFTER

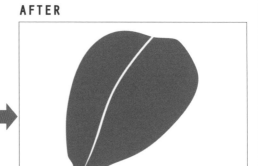

プレゼンシートに事務所のロゴ、施主の社名・店名のロゴなどを入れることはよくあります。ま
た、イメージカットのようなイラストを用いるとアクセントにもなります。それらを作成するには、基
となる素材をスキャンしたり撮影したりして下絵を用意し、ペンツールを使ってトレースします。ペ
ンツールでパス(ベジェ曲線)を描く操作は、はじめは難しいかもしれませんが、ここで一通り扱
い方を練習してみましょう。

STEP1　レイヤーを準備する

1 Illustratorで新規ファイル(A3)を開き、メ
ニューから[ファイル] →[配置] を選択し
て、下絵の画像ファイル(LEAF.jpg)を配置
する。

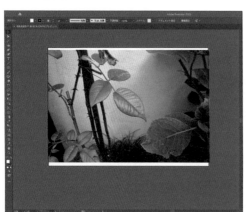

2 新規レイヤーを作成し、名前を「LEAF」と
する。下絵の画像がある「レイヤー1」を
ロックする。

 HINT 新規レイヤーの作成についてはP.40
の **STEP1** を参照。

STEP2 ペンツールでベジェ曲線を描く

1 ツールボックスの[塗り]を「なし」とし、[線]を水色に設定する。

2 ツールボックスの[ペンツール]を選択する。葉の軸の位置をクリックして、始点のアンカーポイントを作成する。

クリック

> **HINT** ここでは線を水色にしているが、線の色は、下絵と区別がつきやすい色を選ぶとよい。

3 図の位置でプレスすると2点目のアンカーポイントが表示される。そのまま進行方向（この場合は左）にドラッグすると、アンカーポイントからハンドルが引き出され、始点のアンカーポイントとの間に曲線が作成される。だいたい葉の輪郭に沿った曲線になったところでマウスボタンを放す。

プレスしてドラッグ

COLUMN ▶ アンカーポイントとハンドル

ペンツールでアンカーポイントを作成するときに、単にクリックするのではなく、プレスしてドラッグすると、ハンドルが引き出される。隣り合う2つのアンカーポイントのどちらか一方または両方がハンドルを持っていると、そのアンカーポイント間に曲線が描かれる。曲線の曲がり方は、アンカーポイントから引き出したハンドルの長さと角度によって決定される（P.168のCOLUMNを参照）。

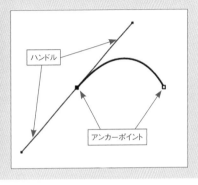

ハンドル

アンカーポイント

4 ①図の位置でプレスして3点目のアンカーポイントを表示し、進行方向にドラッグしてハンドルを引き出す。②同様にして、4点目のアンカーポイントを作成する。ハンドルを引き出す角度と長さを調節して、曲線が葉の輪郭に沿うようにする。

① 3点目をプレス
してドラッグ

② 4点目をプレス
してドラッグ

HINT アンカーポイントを配置した位置が悪いと、ハンドル操作だけでカーブを調整することは難しい。うまくいかない場合は、command+Z／Ctrl+Zキーを押してアンカーポイントを取り消して再配置するか、ベジェ曲線を完成させた後でアンカーポイントの位置を調整する。

COLUMN ベジェ曲線の基本

ベジェ曲線の曲がり方は、アンカーポイントから引き出したハンドルの角度と距離によって決まる。図に示す4つのパスは、いずれもアンカーポイントの位置は同じで、ハンドルの状態だけを変化させたものである。ハンドルの有無、角度、長さによって曲線がどのように変わるかを確認していただきたい。

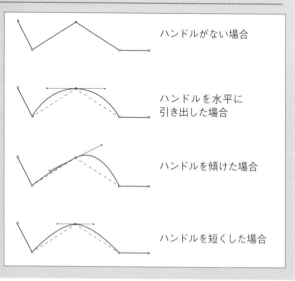

ハンドルがない場合

ハンドルを水平に
引き出した場合

ハンドルを傾けた場合

ハンドルを短くした場合

5 図の位置に5点目のアンカーポイントを作成するが、ここではハンドルを引き出す必要がないので、プレスではなくクリックする。

クリック

6 同様にして、葉の輪郭に沿ってアンカーポイントを作成していき、始点まで戻る。始点にカーソルを合わせると「○」が表示されるのでクリックして線を閉じ、終了する。

HINT 図では、曲線が葉の輪郭から大きくずれているが、後から修正できるので、このまま作業を続ける。

STEP3 ハンドルを調整する

1 ツールボックスの[ダイレクト選択ツール]を選択する。①図に示した位置のアンカーポイントを選択するとハンドルが表示されるので、②下のハンドルをドラッグして曲線が葉の輪郭に沿うように調整する。

①アンカーポイントを選択

②ハンドルをドラッグ

STEP4 アンカーポイントを追加する

1 ツールボックスの[ペンツール]をプレスして表示されるプルダウンメニューから[アンカーポイントの追加ツール]を選択する。

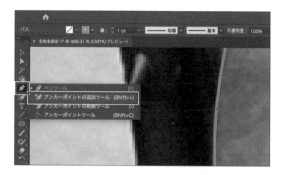

2 図の位置をクリックし、アンカーポイントを3つ追加する。ダイレクト選択ツールでアンカーポイントの位置を調整し、曲線を葉の輪郭に沿わせる。

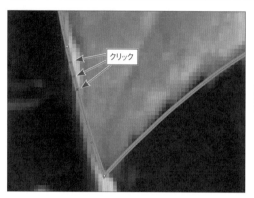
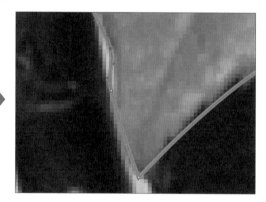

STEP5 1本の線から閉じたパスを作成する

1 新規レイヤーを作成し、名前を「LEAF2」とする。ほかのレイヤーをロックし、「レイヤー1」レイヤーを非表示にする。

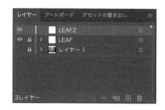

2 ペンツールを使用して、葉の中央に、閉じていない1本のパスを作成する。

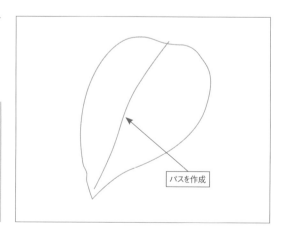

パスを作成

HINT このパスは、後で葉を切り欠くために使用する。図形を切り欠くためには図形が重なっているか交差している必要があるので、ここでは必ずパスの上端が輪郭に交差するようにする。

COLUMN アンカーポイントの削除と切り替え

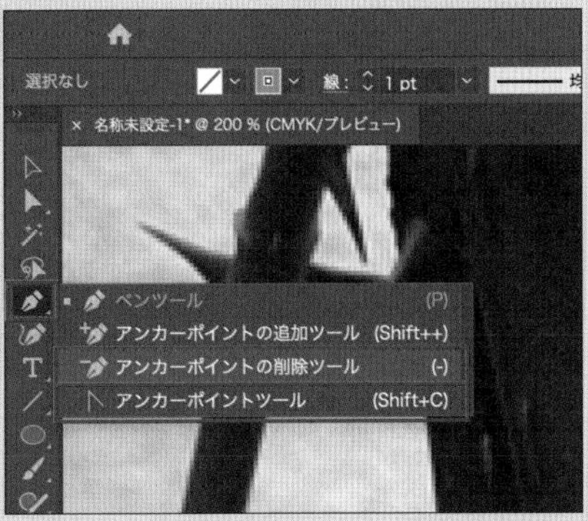

既存のアンカーポイントを削除するには、ツールボックスの[ペンツール]をプレスして表示されるプルダウンメニューから[アンカーポイントの削除ツール]を選択し、目的のアンカーポイントをクリックする。

既存のアンカーポイントのハンドルを削除または追加するには、ツールボックスの[ペンツール]をプレスして表示されるプルダウンメニューから[アンカーポイントツール]を選択する。

アンカーポイントツールでアンカーポイントをクリックすると両方のハンドルが削除され(図**A**)、アンカーポイントをプレスしてドラッグするとハンドルが引き出される(図**B**)。また、このツールでアンカーポイントのハンドルをドラッグすると、それぞれのハンドルを独立して調整でき、アンカーポイントを頂点としてパスを折り曲げることができる(図**C**)。

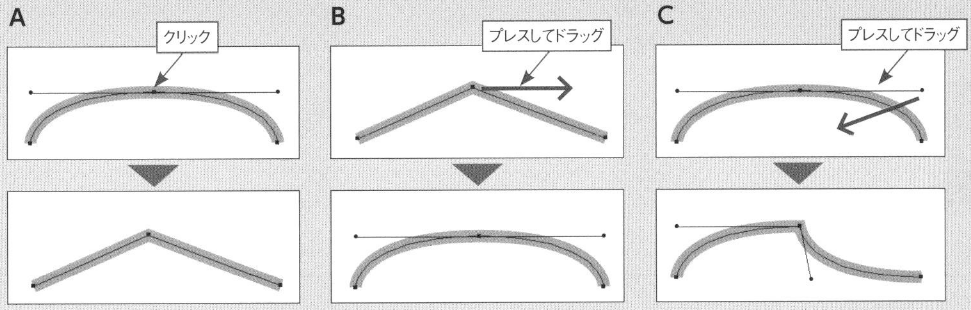

COLUMN アンカーポイントの編集

ダイレクト選択ツールでパスを選択すると、オプションバーにアンカーポイントを編集するためのさまざまなツールが表示される。上記COLUMNで説明したツールでは1つのアンカーポイントの削除や切り替えを行うが、オプションバーのツールを使用すると、複数のアンカーポイントを選択してまとめて削除したり、整列したりできる。各ツールの詳細については、Illustratorのヘルプなどを参照していただきたい。

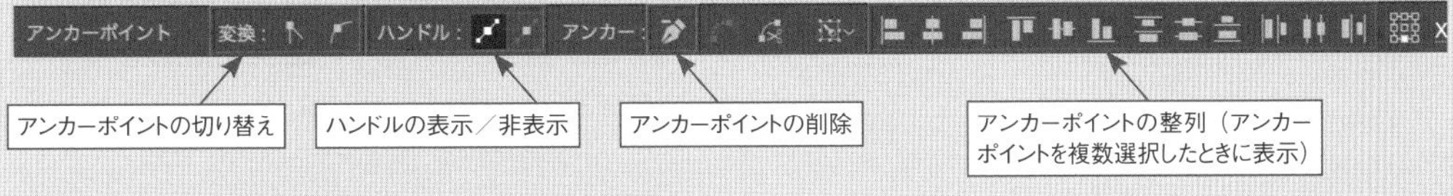

3 メニューから[オブジェクト]→[パス]→
[パスのオフセット]を選択する。[パスのオフセット]ダイアログで図のように設定し、[OK]をクリックする。

> **HINT** [パスのオフセット]コマンドでは、選択したパスを複製して外側に拡張する（オフセットする）ことができる。拡張する距離は[パスのオフセット]ダイアログの[オフセット]に指定する。

4 パスがオフセットされ、閉じたパスが作成される。元のパスは不要なので削除する。

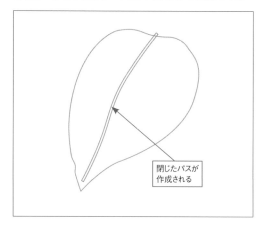

閉じたパスが
作成される

STEP6 アンカーポイント同士を一点にまとめる

1 ダイレクト選択ツールで、STEP5 で作成したパスの下部にある2つのアンカーポイントを選択する。

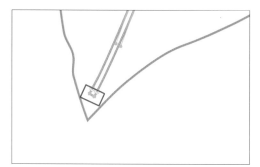

2 メニューから[オブジェクト]→[パス]→[平均]を選択する。[平均]ダイアログで図のように設定し、[OK]をクリックする。

> **HINT** [平均]コマンドではアンカーポイントを整列できる。[水平]を選択すると水平軸に整列し、[垂直]を選択すると垂直軸に整列する。[2軸とも]を選択するとアンカーポイント同士がその中点にまとめられる。

3 選択したアンカーポイントが一点にまとめられる。

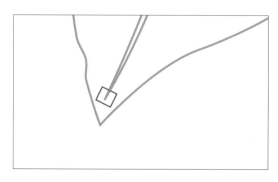

STEP7 図形を切り欠く

1 「LEAF」レイヤーのロックを解除する。

2 選択ツールで2つの閉じたパスを両方とも選択する。

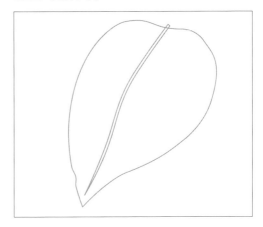

3 [パスファインダー]パネルで[形状モード]の[前面オブジェクトで型抜き]をクリックする。前面のパスで背面のパスが切り欠かれる。

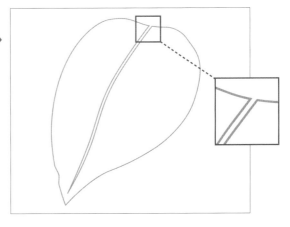

HINT　[パスファインダー]パネルについてはP.39のHINTを参照。

4 パスを選択した状態で、ツールボックスで[塗り]を緑、[線]を「なし」に設定する。葉の形状のロゴマークが完成する。この時点で、下絵の画像がある「レイヤー1」レイヤーは不要になるので削除する。

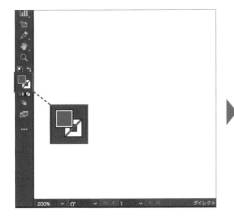

「プレゼンシート」に使えるテクニック
2
Ps Ai

ロゴを作成する②
既存フォントの編集

この作例で使用するファイルは、教材データの「ch5」-「tech02」フォルダにあります。
完成版ファイル:「5_02_AFTER.ai」

BEFORE   **AFTER**

apartment ➡ apartment

文字を図案化・装飾化したロゴタイプを作成するときは、理想とする字形に似たフォントをアウトライン化し、それを基に形状を変化させると効率的です。アウトライン化すると、文字の輪郭だけのロゴを作成したり、線と塗りに別々の色を設定したりできます。

STEP1 文字を入力する

1 Illustratorで新規ファイルを開き、メニューから[表示]→[グリッドを表示]を選択してグリッドを表示する。

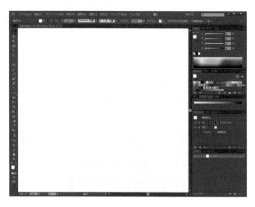

HINT 文字のアウトラインを編集してロゴを作成するときは、グリッドを表示しておくと、アンカーポイントの整列などを行う際の目安になる。

2 メニューから[ウィンドウ]→[書式]→[文字]を選択して[文字]パネルを表示し、[文字]パネルの[フォントファミリ]で「Impact」を選択し、[フォントサイズ]に「72pt」と入力する。

HINT 指定のフォント(Impact)がない場合は、類似のフォントを指定し、以降の手順を適宜読み替えて作業していただきたい。または、教材データの「5_02_BEFORE.ai」を使用して **STEP3** から作業してもよい。

3 ツールボックスの[文字ツール] を選択する。ドキュメントウィンドウ内をクリックして、「apartment」と入力する。

4 ツールボックスの[選択ツール] を選択し、入力した文字を選択状態にする。

5 [文字]パネルのパネルメニューアイコンをクリックし、メニューから[オプションを表示] を選択する。表示されるオプションで文字の間隔や高さをロゴのイメージに合わせて調整する。ここでは図のように設定した。

STEP2 文字をアウトライン化する

1 文字を選択して、メニューから[書式] →[アウトラインを作成] を選択し、文字をアウトライン化する。

STEP3 不要なアンカーポイントを削除する

1 ツールボックスの[ダイレクト選択ツール]を選択する。「m」のパスを選択し、ツールボックスで[塗り]を「なし」、[線]を黒に設定する。

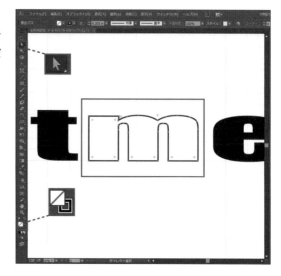

2 ツールボックスの[アンカーポイントの削除ツール]を選択する。図に示した12個のアンカーポイントをそれぞれクリックして削除する。

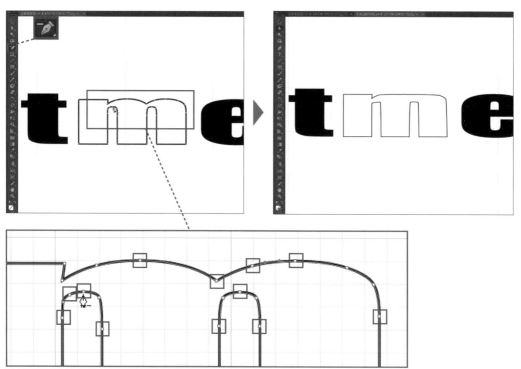

> **HINT**
> アンカーポイントの削除ツールについてはP.171のCOLUMNを参照。

不要なハンドルを削除する

1 ツールボックスの[アンカーポイントツール]を選択する。図に示した5つのアンカーポイントをクリックして、不要なハンドルを削除する。

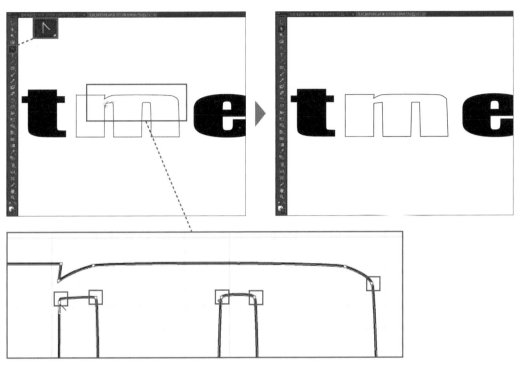

HINT アンカーポイントツールについては
P.171のCOLUMNを参照。

STEP5 **アンカーポイントを調整する**

1 ツールボックスの[ダイレクト選択ツール]を選択する。図に示した2つのアンカーポイントを選択する。

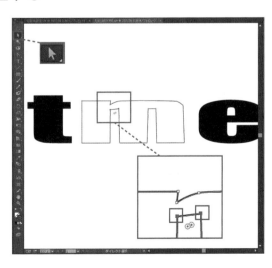

2 メニューから[ウィンドウ]→[整列]を選択して[整列]パネルを表示し、[整列]パネルの[垂直方向上に整列]をクリックする。アンカーポイントが水平に整列される。

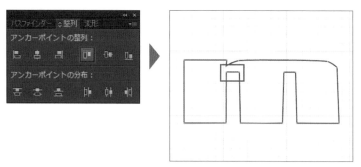

3 同様にして、縦方向のラインが垂直になるようにアンカーポイントを整列させる。

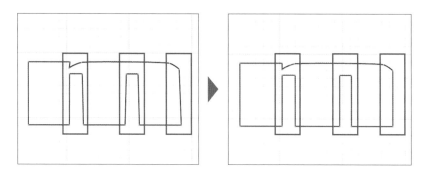

HINT 選択したアンカーポイントを垂直に整列させるには、[整列]パネルの[水平方向左に整列][水平方向中央に整列]または[水平方向右に整列]をクリックする。

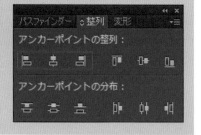

4 ツールボックスの[アンカーポイントの追加ツール]を選択する。図に示した位置をクリックして8つのアンカーポイントを追加する。

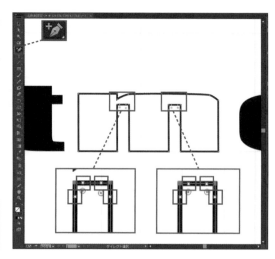

HINT アンカーポイントの追加ツールについてはP.170の STEP4 を参照。

5 ツールボックスの[アンカーポイントの削除ツール]を選択する。図の位置をクリックして4つのアンカーポイントを削除する。

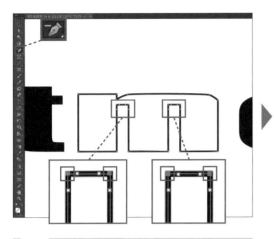
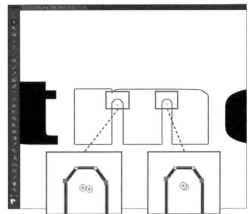

HINT アンカーポイントの削除ツールについてはP.171のCOLUMNを参照。

6 ツールボックスの[アンカーポイントツール]を選択する。図に示したアンカーポイントからハンドルを上または下に引き出して角を曲線にする。

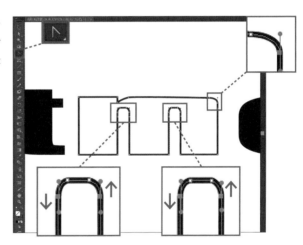

7 さらにアンカーポイントの追加、削除、ハンドルの調整を行い、文字の形状を仕上げる。

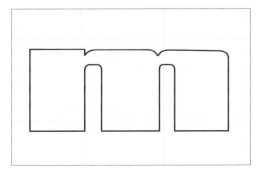

8 同様にしてすべての文字のアウトラインを調整し、塗りの色をグレーに設定して、ロゴを完成させる。

「プレゼンシート」
に使える
テクニック

3

グリッドレイアウトを作成する

Ps　Ai

この作例で使用するファイルは、教材データの「ch5」-「tech03」フォルダにあります。
完成版ファイル：「5_03_AFTER.ai」

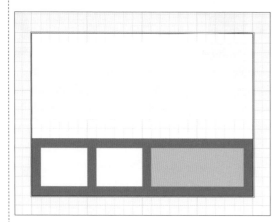

プレゼンシートの文字や図版を見た目に美しく、効率的にレイアウトするには、「グリッドレイアウト」を利用するとよいでしょう。これは、グリッドによってあらかじめページを複数に分割する手法で、グリッドに沿って文字や図版を配置することにより、簡単に整ったレイアウトを作成できます。ここでは、Illustratorのグリッドとスナップ機能を利用して、A2横サイズのレイアウトを作成してみます。

STEP1　アートボードをプレゼンシートのサイズに設定する

1　Illustratorのメニューから［ファイル］→
［新規］を選択する。［新規ドキュメント］
ダイアログで［幅］に「594mm」、［高さ］に
「420mm」と入力して［作成］をクリック
する。

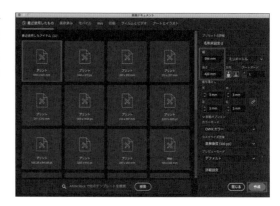

2　「A2横」のアートボードが作成される。

STEP2　グリッドを設定する

1 メニューから[Illustrator]→[環境設定]→[ガイド・グリッド]を選択する。[環境設定]ダイアログで図のように設定し、[OK]をクリックする。

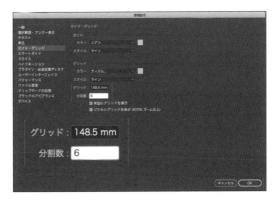

2 メニューから[表示]→[グリッドを表示]を選択する。グリッドが表示される。

3 メニューから[表示]→[グリッドにスナップ]を選択してチェックを入れる。

STEP3　グリッドに沿ってアタリ図形を作成する

1 プレゼンシートに配置する要素（画像、背景、テキスト、タイトルなど）ごとにレイヤーを作成する。

2 ツールボックスの図形描画ツールを使用して、それぞれの要素を配置する場所に任意の色でアタリ図形を作成する。

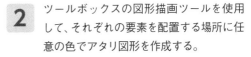
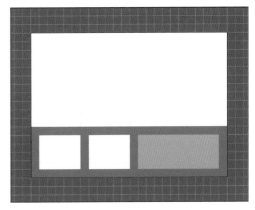

> **HINT** 新規レイヤーの作成についてはP.40の STEP1 を参照。

> **HINT** 「アタリ」とは、画像やテキストの置き場所を仮に示すために作成する枠のことである。アタリ図形は、それぞれの要素を含むレイヤーに作成するとよい。アタリの位置に画像を読み込む方法についてはP.182の「テクニック4」およびP.184の「テクニック5」を参照。テキストを読み込む方法についてはP.196の「テクニック7」およびP.204の「テクニック9」を参照。

「プレゼンシート」に使えるテクニック
4

Illustratorに画像を取り込む①
Photoshopで選択してコピー&ペースト

Ps Ai

この作例で使用するファイルは、教材データの「ch5」-「tech04」フォルダにあります。
作業前のファイル:「5_04_BEFORE.ai」 完成版ファイル:「5_04_AFTER.ai」

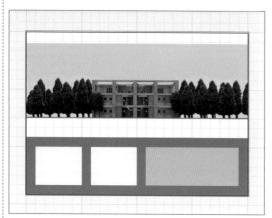

画像をIllustratorに取り込むには、いくつか
の方法があります。ここでは最も基本的な方法
である、画像の必要な範囲をPhotoshopで
選択してコピーし、Illustratorにペーストす
る方法を紹介します。P.180の「テクニック
3」で作成したグリッドレイアウトの上半分の
領域に、建物の画像を取り込みます。

STEP1 Photoshopで選択範囲を決定する

1 Photoshopで画像ファイル(IMAGE01.jpg)を開く。

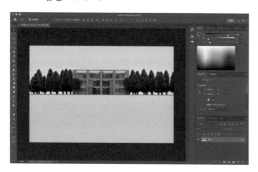

HINT 後でIllustratorに読み込んだときに画
像を拡大しなくても済むよう、十分な
大きさの画像をあらかじめ用意しておく(この
作例では横幅をA2サイズに調整してある)。

2 ツールボックスの[長方形選択ツール] を
選択し、画像の必要な範囲をドラッグして
選択する。メニューから[編集]→[コピー]
を選択し、選択範囲の画像をクリップボー
ドにコピーする。

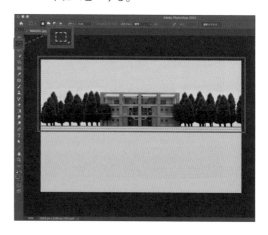

STEP2 Illustratorに取り込む

1 Illustratorであらかじめグリッドレイアウトを作成したファイル（5_04_BEFORE.ai）を開く。

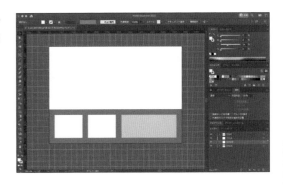

2 「IMAGE」レイヤーを選択し、メニューから[編集]→[ペースト]を選択する。アタリ図形の前面に画像が取り込まれる。

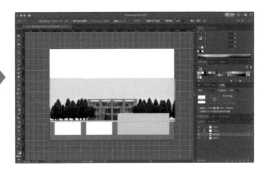

3 ツールボックスの[選択ツール]を選択し、画像をドラッグしてアタリ図形に合わせる。

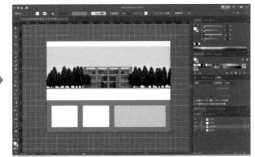

> **HINT**
> Illustratorに取り込まれた画像のバウンディングボックスのハンドルを選択ツールでドラッグすると、画像のサイズを変更できる。画像の縦横比を維持したままサイズ変更するには、shiftキーを押しながらドラッグする。ただし、解像度が足りない状態で拡大すると画質が悪くなるので、できるだけ避けるようにする。

「プレゼンシート」
に使える
テクニック

5

Illustratorに画像を取り込む②
ペーストした後にトリミング

Ps　Ai

この作例で使用するファイルは、教材データの「ch5」-「tech05」フォルダにあります。
作業前のファイル:「5_05_BEFORE.ai」　完成版ファイル:「5_05_AFTER.ai」

BEFORE

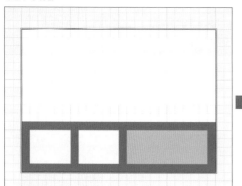

AFTER

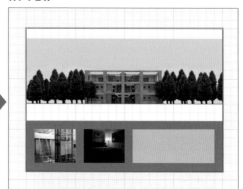

Photoshopで画像の一部を範囲選択してからIllustratorにコピー&ペーストする代わりに、
Illustratorにペーストしてから、不要な部分をトリミングするという方法もあります。そのために
は、あらかじめアタリ図形を作成しておき、その図形を使用してクリッピングマスクを作成します。
この方法だと、Illustratorにペーストした後で画像の表示範囲を決定するため、後から表示範
囲を変更することも簡単にできます。

STEP1　Photoshopから画像をクリップボードにコピーする

1 Photoshopで画像ファイル(IMAGE01.
jpg)を開く。

2 メニューから[選択範囲]→[すべてを選択]
を選択し、同じく[編集]→[コピー]を選択
して画像全体をクリップボードにコピーす
る。

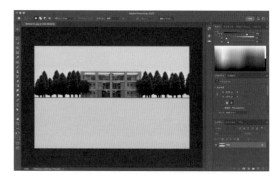

HINT 後でIllustratorに読み込んだときに画
像を拡大しなくても済むよう、十分な
大きさの画像をあらかじめ用意しておく(この
作例では横幅をA2サイズに調整してある)。

HINT 画像の一部のみをIllustratorに取り込み
たい場合は、取り込む範囲をあらかじめ
Photoshop側で選択し、コピーするという方
法もある(P.182の「テクニック4」を参照)。

STEP2 画像をクリップボードからIllustratorにペーストする

1 Illustratorであらかじめグリッドレイアウトを作成したファイル（5_05_BEFORE.ai）を開く。

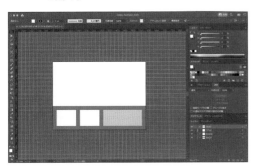

2 「IMAGE」レイヤーを選択する。

3 メニューから[編集]→[ペースト]を選択する。選択ツールを使用して、画像をアタリ図形の位置に大まかに合わせる。画像の下側に不要な部分があるので、ここをトリミングする必要がある。

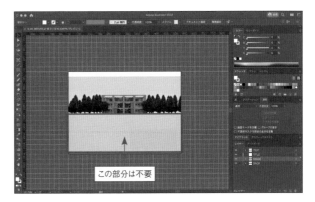

この部分は不要

4 メニューから[オブジェクト]→[重ね順]→[最背面へ]を選択し、アタリの図形（図中の紫の枠で示した長方形）が画像の前面に配置されるようにする。選択ツールを使用して画像をドラッグし、表示したい部分がアタリ図形の枠内に収まるよう調整する。

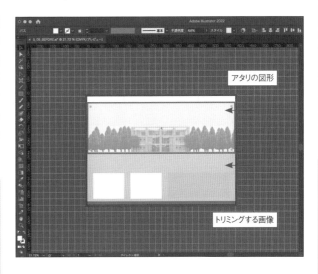

アタリの図形

トリミングする画像

> **HINT**
>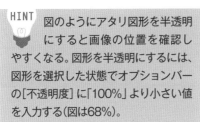
> 図のようにアタリ図形を半透明にすると画像の位置を確認しやすくなる。図形を半透明にするには、図形を選択した状態でオプションバーの[不透明度]に「100%」より小さい値を入力する（図は68%）。

STEP3　画像をトリミングする

1　画像とアタリ図形の両方を選択する。メニューから[オブジェクト]→[クリッピングマスク]→[作成]を選択する。

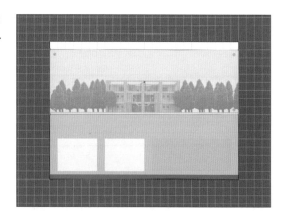

2　アタリ図形がクリッピングマスクとなり、アタリ図形の範囲内のみ、画像が表示される。

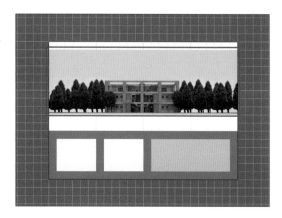

3　**STEP1** ～ **STEP3** と同じ要領で、「IMAGE」レイヤーにあるほかのアタリ図形にも画像（IMAGE02.jpg、IMAGE03.jpg）を取り込む。

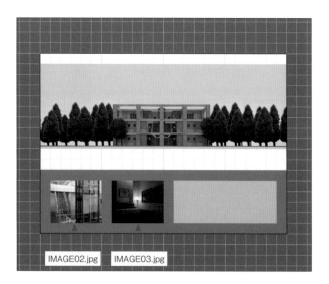

COLUMN ➤ クリッピングマスクで表示される範囲を変更するには

クリッピングマスクを作成した後に、表示される画像の範囲を変更することもできる。その場合は、ダイレクト選択ツール ▶ で画像だけを選択してドラッグし、目的の範囲が表示されるように調整する。

元の画像

クリッピングマスクの作成後に画像をドラッグすると表示範囲を変更できる

画像をドラッグ

マスク範囲

画像の表示範囲が変わる

COLUMN ➤ クリッピングマスクで使用する画像を差し替えるには

クリッピングマスクを作成した後に、画像を別の画像に差し替える場合は、いったんクリッピングマスクを解除する必要がある。そのうえで、新しい画像を取り込んでもう一度クリッピングマスクを作成する。

クリッピングマスクを解除するには、クリッピングマスクを作成した図形を選択ツール ▶ で選択し、メニューから[オブジェクト]→[クリッピングマスク]→[解除]を選択する。

ただし、クリッピングマスクを解除すると、前回マスクとして使用したアタリ図形の塗りと線が「なし」になり、見つけにくくなるので注意する。

クリッピングマスクを解除すると、マスクとして使用したアタリ図形の塗りと線が「なし」になる

6 画像にグラデーションの透明度を設定してIllustratorの背景になじませる

Ps **Ai**

この作例で使用するファイルは、教材データの「ch5」-「tech06」フォルダにあります。
作業前のファイル:「5_06_BEFORE.ai」 完成版ファイル:「5_06_AFTER.ai」

BEFORE

AFTER

Photoshopでグラデーションの透明度を設定したPSD形式の画像をIllustratorに読み込むと、背景になじませることができます。後でPhotoshopに戻って透明度の設定を変更することを考え、IllustratorにPSD形式の画像を読み込むときは、元の画像ファイルとのリンクを保持しておくとよいでしょう。ここでは、グリッドレイアウトを作成したIllustratorのドキュメント上に画像を配置した後で、Photoshop側でグラデーションマスクを作成し、さらにその結果をIllustratorに反映させます。

STEP1 Illustratorに画像を配置する

1 画像のPhotoshopファイル(PSD形式)と配置先のIllustratorファイル(AI形式)を同じフォルダ内に用意する。

HINT PhotoshopファイルとIllustratorファイルを別々のフォルダに用意してもよいが、フォルダの移動によるリンク切れを避けるために、同じフォルダ内に置くことを推奨する。

2 画像の配置先となるIllustratorファイル（5_06_BEFORE.ai）を開く。

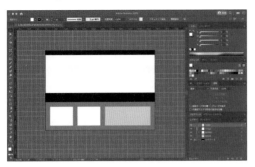

3 「IMAGE」レイヤーを選択する。

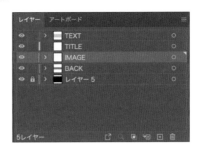

4 メニューから［ファイル］→［配置］を選択する。表示される［配置］ダイアログで画像ファイル（ELEVATION.psd）を選択し、［リンク］にチェックを入れて［配置］をクリックする。

5 Illustratorに配置用のカーソルと画像のプレビューが表示される。上の大きいアタリの図形の左上隅をプレスし、右下方向にドラッグして、レイアウトの右端に達したらマウスボタンを放す。レイアウトの横幅いっぱいに画像が配置される。

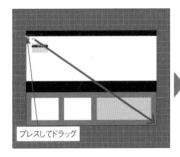

プレスしてドラッグ

マウスボタンを放す

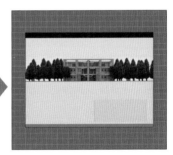

> **HINT**
> 最初にプレスした点が画像の左上隅になり、ドラッグすることで画像の大きさを指定できる。配置する画像の縦横比は自動的に維持されるため、ここでは画像の横幅を合わせるようにドラッグすればよい。単純にクリックした場合は、元画像のサイズで配置される。

6 アタリの図形をクリッピングマスクとして、配置された画像をトリミングする。

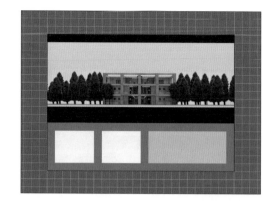

 HINT 画像のトリミングについてはP.185の STEP3 〜 STEP4 を参照。

COLUMN ▶ 「リンク」と「埋め込み」

Illustratorで画像を配置するには、「リンク」配置と「埋め込み」配置の2つの方法がある。[配置]ダイアログで[リンク]にチェックを入れるとリンク配置となり、チェックを外すと埋め込み配置となる。違いは次のとおり。なお、P.182の「テクニック4」のようにコピー&ペーストで配置した場合も埋め込み配置となる。

• **リンク配置**
作成元の画像ファイルにリンクされるためIllustratorファイル自体には含まれない。このため、埋め込み配置よりもファイル容量を抑えられる。また、リンク元のファイルが変更されたときに、その変更を反映させることができる（P.194の STEP4 参照）。

• **埋め込み配置**
画像ファイルのコピーがIllustratorファイルに埋め込まれる。画像そのものが埋め込まれるため、リンク配置よりもファイル容量は大きくなる。また、リンク配置と違って作成元の画像ファイルを変更しても変更は反映されないが、Photoshopのグループやレイヤーなどを保持しているためそれらの編集が可能である。

STEP2 画像の元ファイルをPhotoshopで開く

1 ツールボックスの[ダイレクト選択ツール]を選択し、画像を選択する。

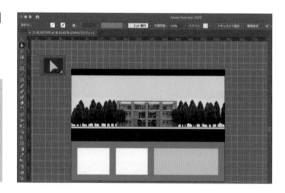

HINT ここでダイレクト選択ツール ▶ を使用するのは、クリッピングマスクによるトリミングを行っているためである。トリミングしていない画像の場合は、通常の選択ツール ▶ で画像を選択する。

2 オプションバーの[Photoshopで編集]をクリックする。

3 Photoshopが起動し、画像の元ファイルが
表示される。

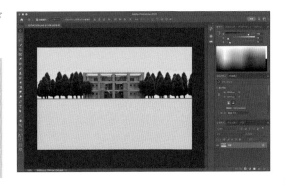

> **HINT** macOS／Windowsの設定で画像のフ
> ァイル形式がPhotoshopに関連付け
> られていない場合は、[Photoshopを編集]を
> クリックしてもPhotoshopが起動しないこと
> がある。その場合は、手動でPhotoshopを起動
> し、元ファイルを開く必要がある。

4 [レイヤー]パネルの[マスクを追加] ◻ を
クリックする。

5 背景レイヤーが通常のレイヤー（ここでは
「レイヤー0」）に変更され、レイヤーマスク
が作成される。

COLUMN ▶ ◾ レイヤーマスク

レイヤーマスクは、レイヤー全体にマスクを簡単に適用できる
機能である。レイヤーマスクを作成すると、[レイヤー]パネルにレ
イヤー画像のサムネイルとマスクのサムネイルが表示される。こ
のマスクは同じレイヤー上の画像にのみ適用され、マスクを黒く
塗りつぶした部分はレイヤー画像が非表示になる。

背景レイヤーにはレイヤーマスクを作成できないので、背景レ
イヤーに対してレイヤーマスクを作成しようとすると自動的に通
常のレイヤーに変換される。自動的に変換されない場合は、背景
レイヤーの上で右クリックして表示されるメニューから[背景から
レイヤーへ]を選択して、通常のレイヤーに変更する。

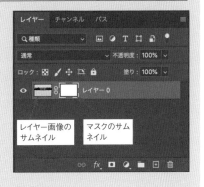

STEP3 レイヤーマスクにグラデーションを設定する

1 [レイヤー]パネルでマスクのサムネイルが選択されていることを確認する。現在はマスクの全領域が白いので、画像がすべて表示されている。

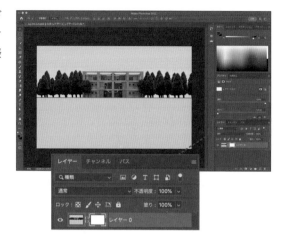

2 ツールボックスの[グラデーションツール]を選択し、[描画色]を黒、[背景色]を白に設定する。

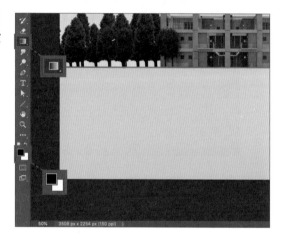

3 オプションバーのドロップダウンリストで[黒、白]の線形グラデーションを選択する。

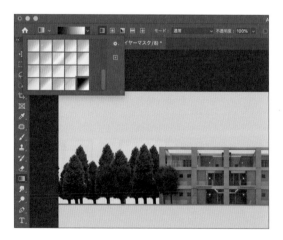

4 画像の上から下に向けてドラッグし、空の中ほどまでかかるグラデーションを作成する。グラデーションが図のような割合になるまで何度かやり直して調整する。

HINT このとき、[レイヤー]パネルのマスクのサムネイルは右図のようになる。マスクを黒く塗りつぶした部分が透明になっていることがわかる。

5 メニューから[ファイル]→[保存]を選択し、ファイルを保存する。

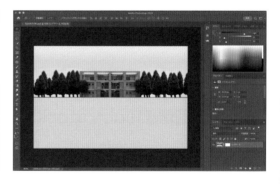

HINT Photoshop側での編集が終わったら、必ずファイルを保存する。ファイルを保存しない限り、Illustrator側の画像には反映されない。

HINT 画像を透過させるには、P.154の「テクニック11」で紹介するアルファチャンネルを使用する方法もある。

STEP4 編集結果をIllustratorで確認する

1 Illustratorのウィンドウに切り替える。しばらくすると「リンクパネル内のファイルが削除または修正されました。リンクファイルを更新しますか?」というメッセージが表示されるので、[はい]をクリックする。

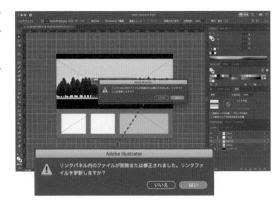

2 Photoshop側での編集結果が反映され、画像の一部が透明になり、黒い背景に溶け込んで見える。

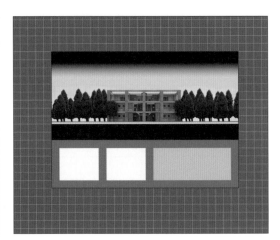

> **HINT** 意図どおりの結果にならない場合は、Photoshopに戻って編集作業をやり直し、必ず保存する。その後 **1** のようにIllustrator側で再びリンクファイルを更新する。

STEP5 画像をIllustratorに埋め込む

1 Photoshop側での画像編集が完了したら、Illustrator側でツールボックスの[ダイレクト選択ツール]を選択し、画像を選択する。

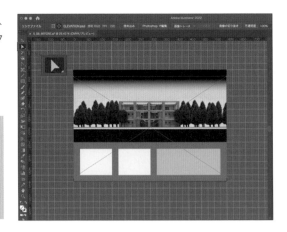

> **HINT** ここでダイレクト選択ツール ▶ を使用するのは、クリッピングマスクによるトリミングを行っているためである。トリミングしていない画像の場合は、通常の選択ツール ▶ で画像を選択する。

2 オプションバーの[埋め込み]をクリックする。

3 [Photoshop 読み込みオプション]ダイアログで[OK]をクリックする。

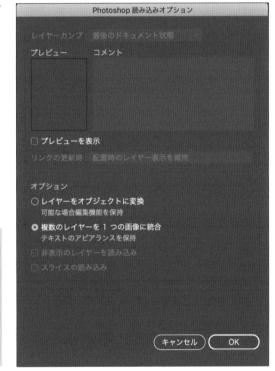

> **HINT**
> この作例で配置するPSD形式の画像にはレイヤーが1つしかないので、初期設定のまま[OK]をクリックすればよい。配置する画像に複数のレイヤーが含まれている場合は、[オプション]の[複数のレイヤーを1つの画像に統合]が選択されていることを確認しておこう。

4 画像がIllustratorに埋め込まれる。元ファイルとのリンクが解除された。

> **HINT**
> データの受け渡しをする際、リンク配置ではIllustratorファイルと共に作成元の画像ファイルも一緒に渡す必要がある。これを忘れるとリンク切れで画像が読み込まれない、印刷されないといった不具合が起こる。一方、埋め込み配置であればそのような心配はないが、いったん埋め込みを行うと、Photoshopでの編集結果は反映されなくなるので注意が必要だ。

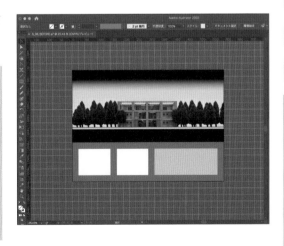

「プレゼンシート」
に使える
テクニック

7

Ps Ai

テキストをレイアウトする

この作例で使用するファイルは、教材データの「ch5」-「tech07」フォルダにあります。
作業前のファイル:「5_07_BEFORE.ai」 完成版ファイル:「5_07_AFTER.ai」

BEFORE

AFTER

プレゼンシートにテキストを配置するときは、Illustratorの文字ツールで直接入力するよりも、テ
キストエリア（文字を入力する領域）となる図形を作成しておき、そこに外部のテキストエディタな
どで入力したテキストをペーストしたほうが効率的でしょう。テキストエリアの図形は普通のパスと
して編集できるため、直接入力するよりもさまざまな状況に対応できます。ここでは、あらかじめ
テキストエリアの図形を作成してあるIllustratorファイルにテキストを読み込みます。

STEP1 テキストをテキストエリアに読み込む

1 メモ帳などのテキストエディタで必要なテ
キストを入力し、クリップボードにコピー
する（教材データの「TEXT01.txt」を使用し
てもよい）。

2 読み込み先のIllustratorファイル（5_07_
BEFORE.ai）を開き、[レイヤー]パネルで
「TEXT」レイヤーを選択する。

3 ツールボックスの[文字ツール]を選択する。カーソルを図に示した長方形の左上隅に移動し、カーソルが図のような形状になったところでクリックする。

4 長方形がテキストエリアに変化し、テキストを入力できる状態になる。

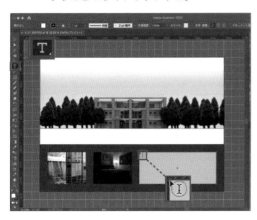

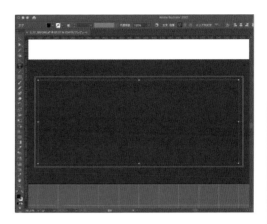

5 ツールボックスで[塗り]を白に設定し、コピーしておいたテキストをペーストする。

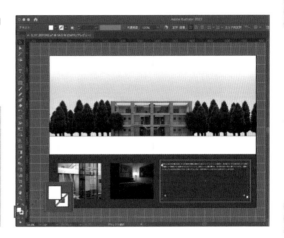

HINT 初期設定の状態では、テキストエリアに入力したテキストは黒で表示される。この作例のように背景色が暗い場合、テキストが黒では文字の状態を確認しにくいので、あらかじめ[塗り]を白などの明るい色に設定してからテキストを入力するとよい。

COLUMN ▷ テキストエリアからテキストがあふれる場合

文字数が多くてテキストエリア内に収まらない場合は、テキストエリア右下に「+」アイコンが表示される。このような場合は、テキストエリアのハンドルをドラッグして拡大するか、テキストエリアのリンク(P.204の「テクニック9」を参照)を行って調整する。

2 「図面」に使えるテクニック

5 「プレゼンシート」に使えるテクニック

STEP2 　読み込んだテキストの文字サイズなどを調整する

1 ツールボックスの[選択ツール]を選択し、テキストエリアを選択する。

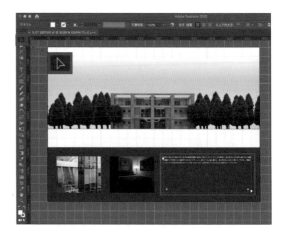

2 [文字]パネルで[フォントサイズ] ▯Tに「25pt」、[行送り] ▯Aに「50pt」と入力する。テキストがテキストエリアにきれいに納まる。

STEP3 　テキストをアウトライン化する

1 テキストエリアを選択し、メニューから[書式]→[アウトラインを作成]を選択する。

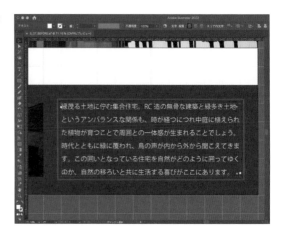

2 テキストがアウトライン化される。

> **HINT** ファイルを受け渡す際は、相手先のパソコンに同じフォントがインストールされているとは限らないので、アウトライン化しておくことが望ましい。ただし、アウトライン化したテキストはパス（図形）となり、後から文字を変更できないので注意が必要だ。

COLUMN ▶ 文字タッチツール

Illustrator CCから搭載された文字タッチツールを使用すると、テキストエリアの文字を個別に選択して手軽に編集できる（拡大縮小、回転、フォントサイズ、種類などが可能）。文字タッチツールを使用するには、①［文字］パネルの［文字タッチツール］をクリックするか、ツールボックスの［文字ツール］をプレスして表示されるメニューから［文字タッチツール］を選択して、②テキストエリアの文字を選択する。③選択した文字の周囲に表示される枠のハンドルをドラッグすると拡大縮小や回転ができる。

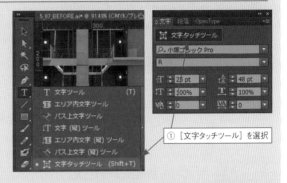

①［文字タッチツール］を選択

②文字を個別に選択

③ハンドルをドラッグして文字を拡大

COLUMN ▶ ぶら下がりの設定

行の最後に句読点があると、禁則処理によってその前の位置から次行に送られてしまい、テキストが読みにくくなることがある（左図）。このような場合は、［段落］パネルのパネルメニューアイコンをクリックし、メニューから［ぶら下がり］→［標準］を選択すると、句読点が行末にくるようになる（右図）。

緑茂る土地に佇む集合住宅。RC造の無骨な建築と緑多き土地というアンバランスな関係も、時が経つにつれ中庭に植えられた植物が育つことで周囲との一体感が生まれることでしょう。時代とともに緑に覆われ、鳥の声が内から外から聞こえてきます。この囲いとなっている住宅を自然がどのように囲ってゆくのか、自然の移ろいと共に生活する喜びがここにあります。

「う。」が次行に送られる

緑茂る土地に佇む集合住宅。RC造の無骨な建築と緑多き土地というアンバランスな関係も、時が経つにつれ中庭に植えられた植物が育つことで周囲との一体感が生まれることでしょう。時代とともに緑に覆われ、鳥の声が内から外から聞こえてきます。この囲いとなっている住宅を自然がどのように囲ってゆくのか、自然の移ろいと共に生活する喜びがここにあります。

「う。」までが行内に収まる

CHAPTER 5

「プレゼンシート」に使えるテクニック **8**

イラストの周りにテキストを回り込ませる

Ps Ai

この作例で使用するファイルは、教材データの「ch5」-「tech08」フォルダにあります。
作業前のファイル:「5_08_BEFORE.ai」 完成版ファイル:「5_08_AFTER.ai」

テキストを画像やイラストのアウトラインに沿って回り込ませるには、テキストの前面に画像やイラストを配置して、[テキストの回り込み]コマンドを使用します。[テキストの回り込み]コマンドを使用すると、画像やイラストを拡大／縮小したり、移動したりしたときに、それに応じてテキストの回り込みが自動的に調整されるので便利です。さらに、イラストのアウトラインからテキストまでの距離も数値で指定することができます。ここでは、葉のイラストの周りにテキストを回り込ませます。

STEP1 イラストを取り込む

1 葉のイラストのファイル(LEAF.ai)を開く。

2 メニューから[選択]→[すべてを選択]を選択し、同じく[編集]→[コピー]を選択して、葉のイラストをクリップボードにコピーする。

3 イラストの取り込み先のIllustratorファイル(5_08_BEFORE.ai)を開く。このファイルの「TEXT」レイヤーには、あらかじめテキストが読み込まれている。

4 ［レイヤー］パレットで「TEXT」レイヤーを選択する。

5 メニューから［編集］→［前面へペースト］を選択し、クリップボードから葉のイラストをペーストする。葉のイラストの位置とサイズを適宜調整する。

> **HINT** この後の **STEP2** で実行する［テキストの回り込み］コマンドを機能させるには、テキストとパス（イラスト）が同一レイヤー上にあり、かつ、パスが対象となるテキストの前面に配置されていなければならない。

STEP2 テキストを回り込ませる

1 イラストを選択し、メニューから［オブジェクト］→［テキストの回り込み］→［作成］を選択する。

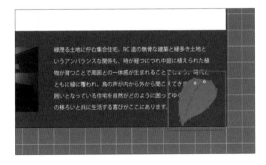

> **HINT** **1** で選択するのはイラストだけでよい。イラストとテキストの両方を選択して［テキストの回り込み］を実行すると、図のようなダイアログが表示され、［OK］をクリックするとテキスト自体にも回り込みが適用されてしまう。
>
> | Adobe Illustrator |
> | --- |
> | ⚠ 回り込みは現在の選択内容のすべてのオブジェクトに対して行われます（テキストオブジェクトも含まれます）。 |
> | ☐ 再表示しない　（キャンセル）　OK |

2 イラストの背面にあったテキストが、イラストのアウトラインに沿って回り込む。ただし、回り込んだ分だけテキストエリアからあふれてしまう（テキストエリアの右下に［+］が表示される）。

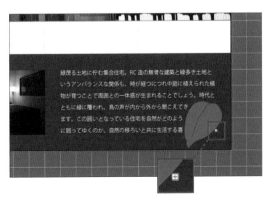

3 テキストエリアを選択する。

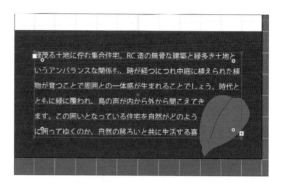

4 ［文字］パネルで文字サイズを小さく調整するなどして（ここでは「22pt」に変更）、テキストのあふれ
を解消する。

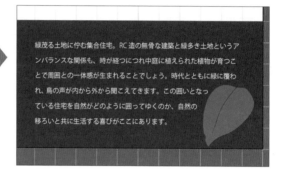

HINT ［テキストの回り込み］を設定したイラストをドラッグして移動したり、イラストを拡大／縮小し
たりすると、それに応じてテキストの回り込みも自動調整される（ただし、テキストがあふれる場
合があるので注意する）。思いどおりの回り込みになるよう、イラストの位置やサイズをいろいろ試して
みよう。

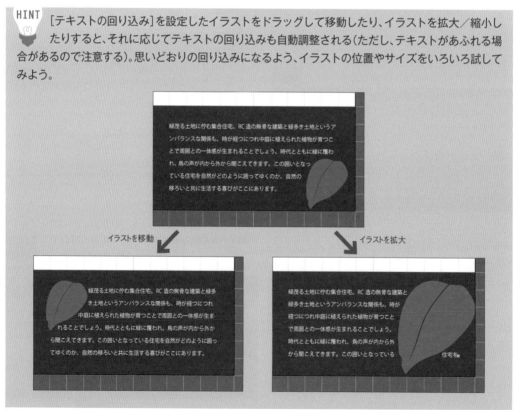

COLUMN ▷ ［テキストの回り込み］の解除

［テキストの回り込み］を解除するには、［テキストの回り込み］を設定したイラストを選択し、メニューから
［オブジェクト］→［テキストの回り込み］→［解除］を選択する。

COLUMN ▷ イラストからテキストまでの距離の設定

［テキストの回り込み］を設定している場合は、イラストの周囲にどのぐらいのスペースを空けてテキスト
を回り込ませるかを次の手順で指定できる。

①［テキストの回り込み］を設定したパスを選択する。

②メニューから［オブジェクト］→［テキストの回り込
み］→［テキストの回り込みオプション］を選択す
る。

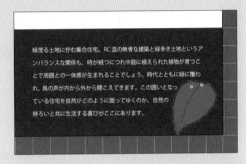

③［テキストの回り込みオプション］ダイアログの［オ
フセット］に、パスからテキストまでの距離を指定し
て［OK］をクリックする。

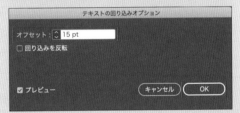

④パスからテキストまでの距離が変化する（この例で
はオフセットを6ptから15ptに変更）。

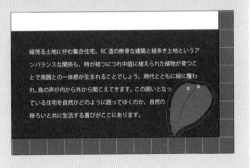

「プレゼンシート」
に使える
テクニック

9

複数のテキストエリアに
テキストを流し込む

Ps Ai

この作例で使用するファイルは、教材データの「ch5」-「tech09」フォルダにあります。
作業前のファイル:「5_09_BEFORE.ai」 完成版ファイル:「5_09_AFTER.ai」

BEFORE

AFTER

2段組、3段組のテキストレイアウトを作成するときは、それぞれの段を完全に独立したテキスト
エリアとして作成するよりも、テキストエリア同士をリンクさせ、一続きのテキストを流し込めるよ
うにしたほうが効率的です。ここでは、[スレッドテキストオプション]コマンドを使用する方法と、
手動で設定する方法の両方を使って3つのテキストエリアをリンクします。

STEP1 1つ目のテキストエリアにテキストを読み込む

1 メモ帳などのテキストエディタで事前に作成しておいた文字数の多いテキスト(教材データの
「TEXT01.txt」を使用してもよい)をコピーし、左側の長方形に読み込む。テキストがあふれているこ
とを示す「+」マークがテキストエリア右下に表示される。

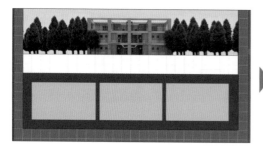

 HINT 図では、フォントサイズを22pt、行送り
を50ptとし、文字の色を白にしている。

 HINT テキストの読み込みについてはP.196
の「テクニック7」を参照。

STEP2　[スレッドテキストオプション]でテキストエリアにリンクする

1 STEP1 でテキストを読み込んだテキスト
エリアと中央の長方形の両方を選択し、メ
ニューから[書式]→[スレッドテキストオ
プション]→[作成]を選択する。

2 図のようにテキストエリアがリンクされ、2
つ目のテキストエリアにテキストが流し込
まれる。まだテキストがあふれているので、
「+」マークが表示されている。

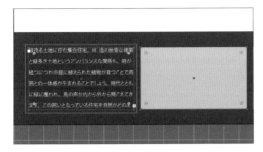
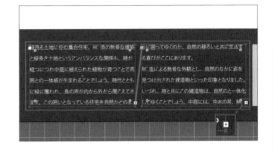

STEP3　手動でテキストエリアをリンクする

1 ツールボックスの[選択ツール]を選択す
る。2つ目のテキストエリアを選択し、「+」
マークをクリックする。

2 カーソルを右側の長方形の左上隅に移動
し、カーソルが図のような形状になったと
ころでクリックする。

3 図のようにテキストエリアがリンクされ、3つ目のテキストエリアにもテキストが流し込まれる。

> **HINT**
> [スレッドテキストオプシ
> ョン]コマンドでリンクし
> たテキストエリアに対して、もう
> 一度[スレッドテキストオプショ
> ン]コマンドを実行することはで
> きない。そのため、3つ目以降のテ
> キストエリアをリンクするとき
> は、このように手動で設定する必
> 要がある。

Photoshopで切り抜いた画像を Illustratorに配置する

「プレゼンシート」に使えるテクニック **10**

Ps Ai

この作例で使用するファイルは、教材データの「ch5」-「tech10」フォルダにあります。
作業前のファイル:「5_10_BEFORE.ai」 完成版ファイル:「5_10_AFTER.ai」

BEFORE

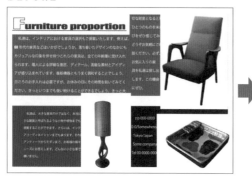

AFTER

商品や家具などを切り抜いた画像をIllustratorに配置する際、そのままの画像をIllustratorに配置したのでは白い背景が表示されてしまいます。余分な背景が表示されないようにするには、Photoshop上でクリッピングパスを作成し、PSDまたはEPS形式で保存したものをIllustratorに配置します。背景が透明なPSDファイルを配置する方法もありますが、クリッピングパスを使用したほうがIllustrator上での応用範囲は広がります。

STEP1 Photoshopでクリッピングパスを作成する

1 Photoshopで家具の画像ファイル（CHAIR.jpg）を開き、ペンツールを使用して輪郭に沿ってパスを作成する。

> **HINT**
> 教材データの「CHAIR02.jpg」には、椅子のアウトラインに沿ったパスがあらかじめ保存されているので、このパスを使用してもよい。

> **HINT**
> パスの作成についてはP.116の「テクニック1」およびP.166の「テクニック1」を参照。ペンツールの基本的な操作方法は、PhotoshopでもIllustratorでもほぼ同様である。

2 [パス]パネルのパネルメニューアイコンを
クリックし、メニューから[パスを保存]を
選択して、作業用パスを「CHAIR」という名
前で保存する。

3 [パス]パネルのパネルメニューアイコンを
クリックし、メニューから[クリッピングパ
ス]を選択する。

4 [クリッピングパス]ダイアログの[パス]で
「CHAIR」を選択し、[OK]をクリックする。

STEP2 EPS形式で保存する

1 メニューから[ファイル]→[別名で保存]を
選択する。[別名で保存]ダイアログで[ファ
イル形式]を「Photoshop EPS」とし、[保
存]をクリックする。

> **HINT**
> ここではEPS形式で保存しているが、
> メニューから[ファイル]→[保存]を選
> 択してPSD形式で保存してもよい。その場合
> も、**STEP3** 以降の手順は同じである。

2 [EPSオプション]ダイアログで[プレビュー] を「TIFF（8bit/pixel）」、[エンコーディング] を「ASCII85」とし、[OK]をクリックする。

HINT プリンタによって[EPSオプション]ダイアログの設定が異なる場合があるので適宜設定を行う。

3 ファイルがEPS形式で保存される。

HINT 教材データには、 STEP2 まで完了した状態のファイル（CHAIR.eps）が用意されているので、これを使用して STEP3 以降の作業を行ってもよい。

STEP3 Illustratorに画像を配置する

1 Illustratorで画像の配置先ファイル （5_10_BEFORE.ai）を開く。メニューから [ファイル]→[配置]を選択する。

2 表示されるダイアログで、 STEP2 で保存したEPS形式のファイルを選択する。[リンク]のチェックを外し、[配置]をクリックする。

HINT このIllustratorファイルには、あらかじめ配置画像に合わせた形状のテキストエリアが含まれている。テキストの回り込みを簡単に実現する方法についてはP.200の「テクニック8」を参照。

3 配置用のカーソルと画像のプレビューが表示されるので、適切な位置でドラッグし、画像を配置する。Photoshopで作成したクリッピングパスに基づき、自動的にクリッピングマスクが作成されていることがわかる。

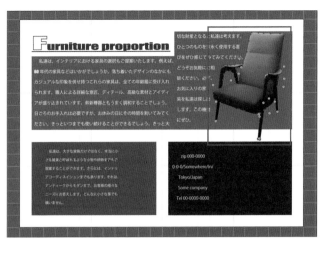

4 STEP1 〜 STEP3 の要領で、ほかの画像（「ASHTRAY.jpg」と「LIGHT.jpg」）も配置してレイアウトを完成させる。

HINT PhotoshopでパスをPhotoshopのメニューから［ファイル］→［書き出し］→［Illustratorへのパス書き出し］を選択すると、パスのみをIllustratorのAI形式で保存できる（上図）。このパスをIllustratorに配置し、線の色や太さ、塗りを設定すると、家具などのアウトラインやシルエットを利用した図のような表現ができる（下図）。

「プレゼンシート」に使えるテクニック 11

地図を作成する

Ps **Ai**

この作例で使用するファイルは、教材データの「ch5」-「tech11」フォルダにあります。
作業前のファイル:「5_11_BEFORE.ai」　完成版ファイル:「5_11_AFTER.ai」

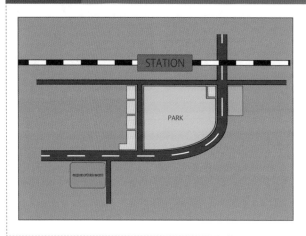

物件周辺の環境を説明するために、プレゼンシートに地図を入れることがあります。また、竣工式やオープンハウスなどの招待状には案内地図が必要です。Illustratorのアピアランスの機能を使用すると、線路を示す白黒の記号や、センターラインのある道路を簡単に描くことができます。

STEP1 線路のパスを作成する

1 ツールボックスの[直線ツール]を選択し、オプションバーで[線]に「8mm」と入力する。ツールボックスで[線]を黒に設定する。

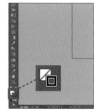

2 「STATION」レイヤーを選択する。

HINT 作業前のファイル(5_11_BEFORE.ai)では、あらかじめ各パーツ用のレイヤーが作成されている。線路と駅は「STATION」レイヤー、道路は「ROAD」レイヤーに作成する。

3 線路の基となる直線を作成する。

STEP2 線路の記号を作成する

1 線路の直線を選択した状態で、[アピアランス] パネルの[新規線を追加] をクリックする。

HINT [アピアランス] パネルを表示するには、メニューから[ウィンドウ]→[アピアランス]を選択する。

2 [アピアランス] パネル内に新しい線が追加される。この時点では、元の線と同じ属性なので、直線の見た目に変化はない。

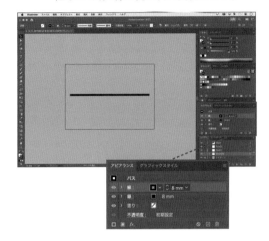

3 [アピアランス]パネルで、2 で追加した線の色を白に設定する。黒い線の上に白い線が重なった状態になる。

 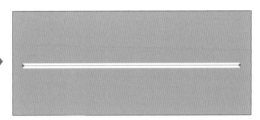

4 同じく[アピアランス]パネルで、線の太さを「6mm」とする。黒い線の内側に、幅6mmの白い線が作成された状態になる。

 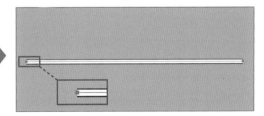

COLUMN [アピアランス]パネル

アピアランスとは、図形の基本構造は変えずに、図形の外観(塗り、線、透明度、効果)だけを編集できる機能である。ここでは、線の中に線を追加するためにアピアランスを使用している。

図形に透明度や効果を設定すると、その設定内容が[アピアランス] パネルの項目として表示される。[アピアランス]パネルで図形に効果を追加したり、図形から効果を削除することもできる。また、[アピアランス]パネル内の項目をドラッグして上下に移動すると、効果の重なり順を変更できる。

5 [線]パネルの[破線]にチェックを入れ、[長さを調整しながら、線分をコーナーやパス先端に合わせて整列]を選択し、[線分]に「25mm」と入力する。線路らしい縞模様ができる。

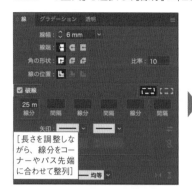 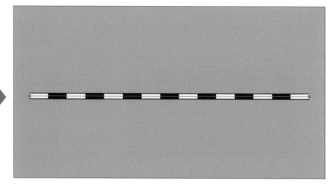

> **HINT** [線]パネルのオプションが表示されていない場合は、パネル名の横にあるボタンを何度かクリックして表示を切り替える。

STEP3 線路のパスをアウトライン化する

1 線路の直線を選択した状態で、メニューから[オブジェクト]→[アピアランスを分割]を選択する。

> **HINT** アピアランスは印刷時にトラブルを招きやすいため、一通り形状を作成し終えたら、分割して単純なパスに変換するとよい。

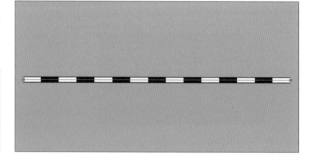

2 アピアランスは分割されたが、まだ白い破線と黒い実線が1つのグループになっているので、メニューから[オブジェクト]→[グループ解除]を選択して、それぞれのパスに分ける（**2**～**7**の図では、わかりやすいように破線の位置をずらしているが、実際の作業ではずらさないまま行う）。

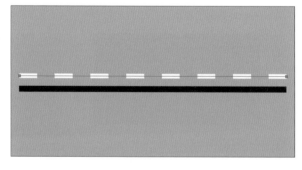

3 白い破線のみを選択し、メニューから[オブジェクト]→[透明部分を分割・統合]を選択する。

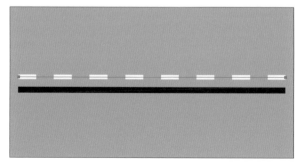

4 [透明部分を分割・統合] ダイアログで[すべての線をアウトラインに変換] にチェックを入れ、[OK]をクリックする。

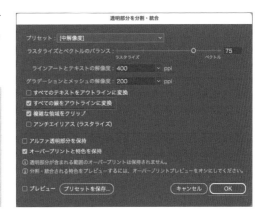

HINT 破線の間隔は透明として表現されているため、インクジェットプリンタ以外で印刷したときに、正確に透明部分を再現できない場合がある。印刷時の透明部分の問題を回避するには、[透明部分を分割・統合]コマンドでアウトライン化しておくとよい。

5 白い破線がアウトライン化される。

6 黒い直線のみを選択し、メニューから[オブジェクト]→[パス]→[パスのアウトライン]を選択する。

7 黒い直線がアウトライン化される。これにより、線路がすべてアウトライン化されたことになる。

STEP4 駅の表記を作成する

1 ツールボックスの[長方形ツール]をクリックする。駅を表す長方形を作成する。

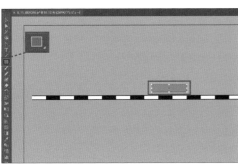

2 線路と駅の図形の両方を選択する。

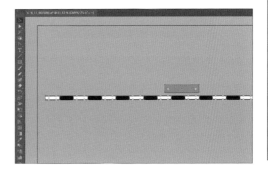

3 ［整列］パネルの［垂直方向中央に整列］をクリックする。線路と駅の図形が上下中央で整列される。
メニューから［選択］→［選択を解除］を選択して、選択を解除する。

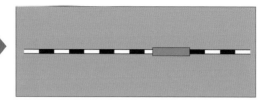

STEP5　道路を作成する

1 ツールボックスの［直線ツール］を選択し、
オプションバーで［線］を「15mm」とする。
ツールボックスで［線］を黒に設定する。

2 「ROAD」レイヤーを選択する。

3 図のように道路となるパスを作成する。

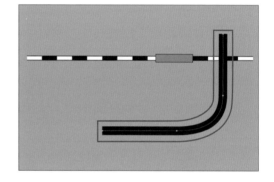

4 ［アピアランス］パネルで新規線を追加し、線の色をグレー、線の太さを「13mm」とする。黒い線の内
側に幅13mmのグレーの線が作成される。

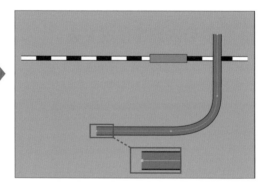

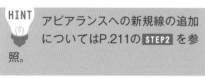

HINT アピアランスへの新規線の追加
についてはP.211の **STEP2** を参
照。

5 [アピアランス]パネルにもう1つ新規線を追加する。線の色を白、線の太さを「1.5mm」とする。[線]パネルの[破線]にチェックを入れ、[線分]に「25mm」と入力する。線の中央に細い破線が作成される。

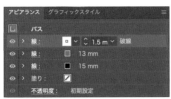
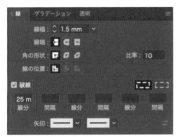
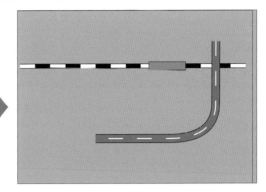

6 道路のパスを選択した状態で、メニューから[オブジェクト]→[アピアランスを分割]を選択し、同じく[オブジェクト]→[パス]→[パスのアウトライン]を選択してパスをアウトライン化する。

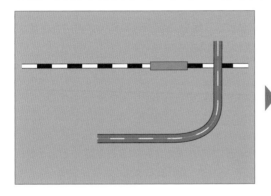
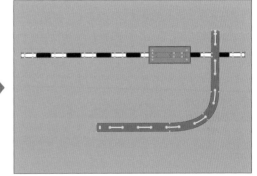

> **HINT** 印刷時の問題を回避するために、P.212の 2 ～ 4 と同様にして、白い破線を[透明部分を分割・統合]コマンドでアウトライン化しておくとよい。

7 ほかの道路や建物の表記、文字などを追加して、地図を完成させる。

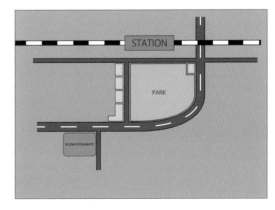

「プレゼンシート」に使えるテクニック

12

地図を立体的に見せる

Ps　Ai

この作例で使用するファイルは、教材データの「ch5」-「tech12」フォルダにあります。
作業前のファイル:「5_12_BEFORE.ai」　完成版ファイル:「5_12_AFTER.ai」

BEFORE

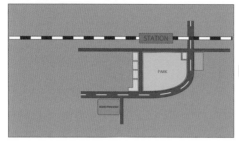

AFTER

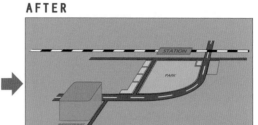

地図を斜め上から見た俯瞰表示にし、建物などを立体化すると、現地のイメージがより伝わりやすくなります。3Dアプリケーションがなくても、Illustratorの自由変形ツールを使って図形を変形させたり、パスを編集して図形の「側面」を作成することで、地図の奥行きや建物の高さを表現できます。ここでは、P.210の「テクニック11」で作成した地図を立体化します。

STEP1　地図を俯瞰にする

1　地図を構成しているすべての図形を選択する。

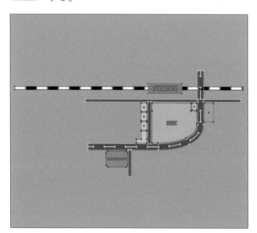

2　ツールボックスの[自由変形ツール]を選択する。表示されるタッチウィジェットから[パスの自由変形]を選択する。

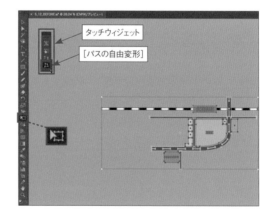

タッチウィジェット

[パスの自由変形]

3 カーソルをバウンディングボックスの左下隅のハンドルに合わせ、shift キーを押しながら左方向へ水平にドラッグする。選択した図形が斜めに変形する。

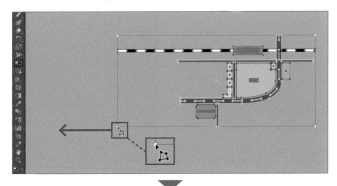

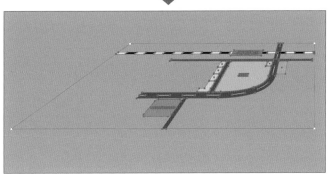

COLUMN ▶ 「自由変形ツール」と「タッチウィジェット」

　タッチウィジェットは、自由変形ツールの操作を行いやすくするためにIllustrator CCから追加された機能である。タッチウィジェットのツールを選択すると、キーを押しながらドラッグする必要がなくなるため、操作がしやすくなる。各ツールを選択したときの操作方法とその効果は次のとおり。

- [縦横比固定]：カーソルを図形の角に合わせてドラッグすると、縦横比を固定した状態で変形できる。
- [自由変形]：カーソルを図形の角に合わせてドラッグすると、図形を回転できる。図形の辺に合わせてドラッグすると、図形を斜めに歪められる。
- [遠近変形]：カーソルを図形の角に合わせてドラッグすると、ドラッグした側の辺のみが拡大縮小され、遠近感を持たせることができる。
- [パスの自由変形]：カーソルを図形の角に合わせてドラッグすると、選択された角のみが移動する。

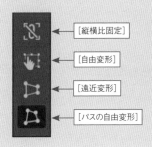

[縦横比固定]

[自由変形]

[遠近変形]

[パスの自由変形]

4 タッチウィジェットの[自由変形]を選択する。

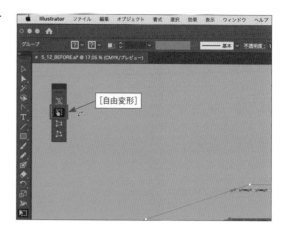

5 バウンディングボックスの下中央のハンドルにカーソルを合わせ、おおよそ右図の結果になるように下方向へドラッグする。

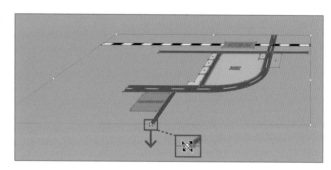

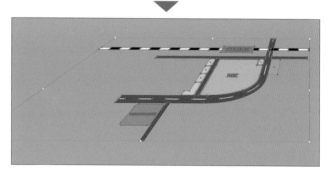

6 地図が俯瞰図らしく変形される。

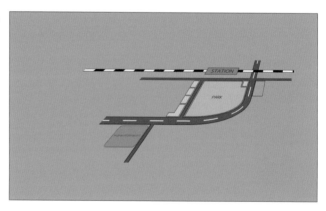

STEP2 建物の側面となるパスを準備する

1 STEP1 で変形した図形をすべて選択する。メニューから[オブジェクト]→[グループ解除]を選択し、グループ化を解除する。

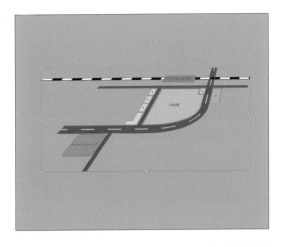

2 ツールボックスの[アンカーポイントの追加ツール]を選択し、建物の図形の左下と右上の角丸部分にアンカーポイントを追加する。

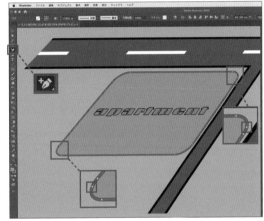

> HINT 建物の図形が角丸長方形ではなく普通の長方形である場合は、この手順は必要ない。

3 建物の図形を選択する。option / Alt キー＋ shift キーを押しながら建物の図形を垂直上方向にドラッグし、複製する。元の図形が底面、複製後の図形が上面になる。

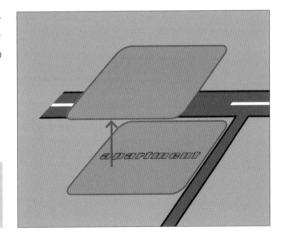

> HINT この移動距離によって、立体化したときの建物の高さが決まる。高い建物にするときは大きく移動する。

4 底面と上面の図形の両方を選択し、メニューから[編集]→[コピー]を選択する。

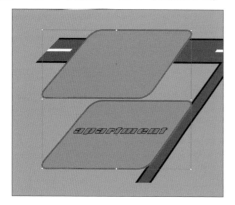

5 [レイヤー]パネルであらかじめ用意されている「ELEVATION」レイヤーを選択し、メニューから[編集]→[同じ位置にペースト]を選択する。

6 元の画像が含まれる「TEXT」レイヤーを非表示にする。

7 **5** でペーストした2つの図形の塗りを「なし」にする。

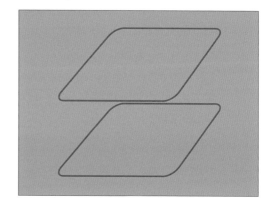

8 ツールボックスの[ダイレクト選択ツール]を選択する。図に示した範囲内のアンカーポイントを選択し、[delete]キーを押して削除する。図形の左上の2辺が削除される。

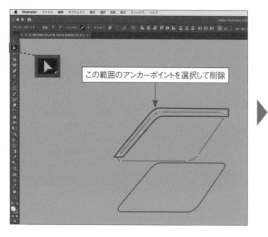

この範囲のアンカーポイントを選択して削除

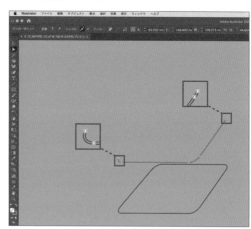

9 底面の図形についても同様のアンカーポイントを削除し、図のような状態にする。

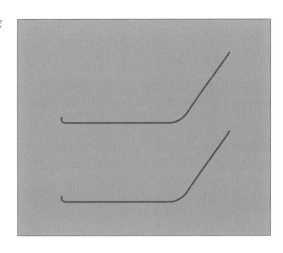

1 ツールボックスの［ダイレクト選択ツール］を選択し、図に示した2つの線端のアンカーポイントを選択する。

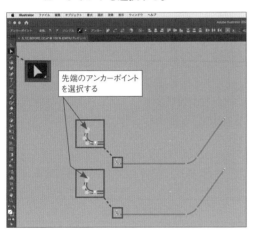

先端のアンカーポイント
を選択する

2 メニューから［オブジェクト］→［パス］→［連結］を選択する。上下のパスが線によって結ばれる。

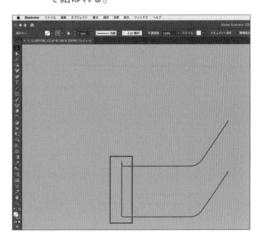

COLUMN アンカーポイントのハンドルの調整

ハンドルを持つアンカーポイント同士を連結すると、パスが図**A**のような状態になりやすい。このような場合は、アンカーポイントツール（P.171のCOLUMN参照）を使用して、修正したいハンドルの端点をドラッグして図**B**のように調整する。

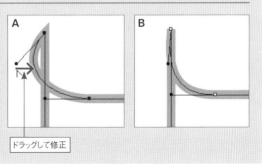

ドラッグして修正

3 ②と同様にして、反対側のアンカーポイントも連結し、線を閉じる。建物の側面の図形ができる。

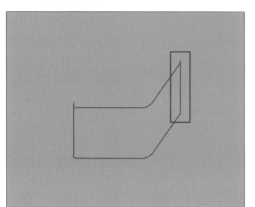

4 側面の図形の塗りに任意の色（ここではオレンジ色）を設定する。

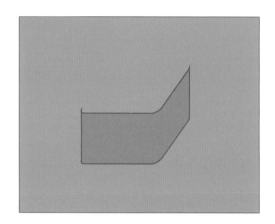

5 [パネル]レイヤーで「TEXT」レイヤーを表示すると、建物の上面と底面が表示される。底面の図形は不要なので削除し、上面の図形を選択し、メニューから[編集]→[カット]を選択する。

6 [パネル]レイヤーで「ELEVATION」レイヤーを選択し、メニューから[編集]→[同じ位置にペースト]を選択する。上面の図形がペーストされて立体的な形状となる。

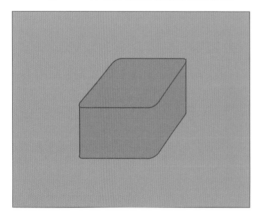

7 [パネル]レイヤーですべてのレイヤーを表示する。 文字以外の各図形をそれぞれ[カット]し、元にあったレイヤーに[ペースト]して元の状態に戻す。

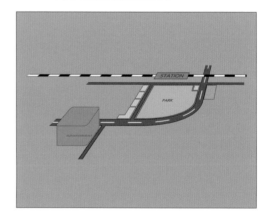

はじめから立体地図を作りたいなら、このテクニックで紹介した手順を踏まなくても、Illustratorの3D作成機能を使って簡単に立体的なオブジェクトを作成できる。本書ではおおまかな手順を紹介する。詳細についてはIllustratorのヘルプを参照していただきたい。

①基となる平面図形を選択し、メニューから[効果]→[3Dとマテリアル]→[3D(クラシック)]→[押し出しとベベル(クラシック)]を選択する。

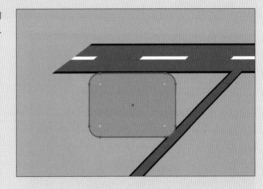

②[押し出し・ベベルオプション]ダイアログで[位置]から[自由回転]を選択する。
③3Dプレビュー内の立方体の角軸を示す辺をドラッグするか、X、Y、Z軸に回転角を入力する。
④[押し出しの奥行き]に必要な高さを入力する。
⑤[OK]をクリックする。

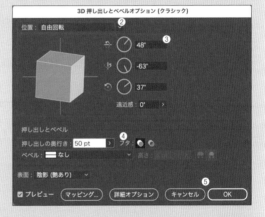

⑥立体的なオブジェクトが作成される。

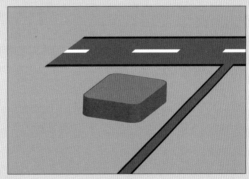

「プレゼンシート」に使えるテクニック 13

A4 ／ A3 プリンタで大判の プレゼンボードを作成する

Ps Ai

この作例で使用するファイルは、教材データの「ch5」-「tech13」フォルダにあります。
作業前のファイル:「5_13_BEFORE.ai」 完成版ファイル:「5_13_AFTER.ai」

A4／A3サイズ対応プリンタしか持っていない場合でも、アートワークを分割出力して貼り合わせることで、A2／A1／A0などの大判のプレゼンボードを作成できます。ここでは、A2横判として作成したアートワークをA4縦判6枚に分けて印刷し、余白を裁断してからスチレンボードに貼ってプレゼンボードを完成させます。

STEP1 分割出力をするためのプリント設定を行う

1 A2横判として作成されているアートワーク(5_13_BEFORE.ai)をIllustratorで開く。メニューから[表示]→[プリント分割を表示]を選択して、プリント分割の境界線を表示する。

 HINT 図では、プリント分割の境界線がよく見えるように図形や画像を半透明にしている。

2 メニューから[ファイル]→[プリント]を選択する。[プリント]ダイアログの左上のリストで[一般]を選択し、図のように設定する。[完了]をクリックする。

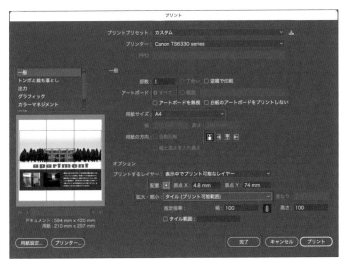

HINT ここでは、アートワーク全体を、アートワークの中央を基点としてA4縦の用紙に分割して印刷するように指定している。[タイル]を選択することで、分割出力が可能になる。

3 設定したプリント分割の状態がアートワーク上に表示される。これにより、6枚の用紙に分割出力されることがわかる。

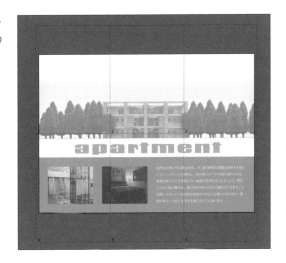

HINT [プリント]ダイアログでA4よりも大きな用紙サイズを選択すれば、より少ない枚数で印刷できる。右図はA3ノビを選択した場合のプリント分割の状態だが、用紙は2枚で済む。用紙の枚数が多くなると、裁断や貼り合わせによるズレが生じやすくなるので、できるだけ大きい判型を出力できるプリンタを使用することが望ましい。

印刷後の余白を切り取るためのガイドを作成する

1 印刷後の余白を切り取る目印（ガイド）を作成するために、新規レイヤーを作成し、名前を「TRIM」とする。プリント分割の境界線を確認しやすくするために、ほかのレイヤーは非表示にする。

HINT この作例のように背景が白っぽく、印刷後に余白を切り取るための境界線がわかりにくい場合は、あらかじめIllustrator上でガイドを作成しておくとよい。境界線が明確にわかる場合は、ガイドを作成せずに **STEP3** に進み、印刷を行っても問題ない。

2 メニューから[表示]→[スマートガイド]を選択してチェックを入れる。このとき、[グリッドにスナップ]にチェックが入っている場合は、同じく[表示]→[グリッドにスナップ]を選択してチェックを外す。

HINT グリッドスナップが有効になっているとスマートガイドが正しく機能しないことがあるので、必ずこの設定を確認しておく。スマートガイドについてはP.40のCOLUMNを参照。

3 ツールボックスの[直線ツール]を選択し、[線]をグレーに設定する。オプションバーで[線]に「0.1mm」と入力する。

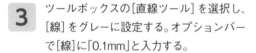

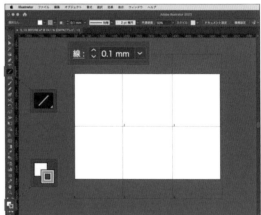

4 カーソルをアートワークの左上に合わせ、「交差」と表示される位置でクリックする。

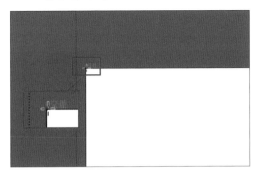

5 [直線ツールオプション]ダイアログで[長さ]に「25mm」、[角度]に「0°」と入力し、[OK]をクリックする。

6 アートワークに左上隅に水平な直線が作成される(以降の図では、わかりやすいように赤線で示している)。

7 メニューから[ウィンドウ]→[変形]を選択して[変形]パネルを表示する。

8 6 の直線を選択する。[変形]パネルで[基準点]を「中心」に設定し、[X]に「0mm」と入力する。直線が左側に移動し、直線の中心がアートワークの左上端点にくる。

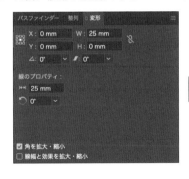

9 同じ長さの垂直線を作成するために、8 の直線を選択し、メニューから[編集]→[コピー]を選択し、同じく[編集]→[前面へペースト]を選択して同位置に複製する。

10 [変形]パネルで[回転]に「90°」と入力して **9** の直線を回転させる。

11 水平線と垂直線の両方を選択し、メニューから[オブジェクト]→[グループ]を選択してグループ化する。これで1つ分の十字型のガイドができる。

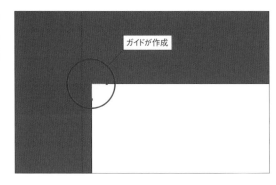

ガイドが作成

12 **11** で作成したガイドをアートワークの四隅とページ分割の交点に複製する。P.74の **STEP5** の要領で、ガイドを同位置に複製した後に、図に示した移動距離を[変形]パネルの[X][Y]の現在値に足していくとよい（実際の移動距離は、プリンタの機種や設定によって異なる）。

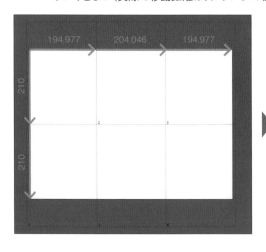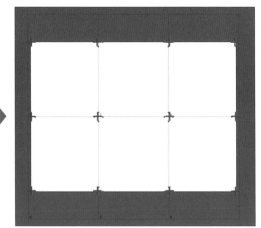

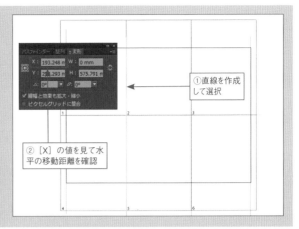

HINT

1枚の用紙に印刷される領域の大きさは、プリンタの機種や設定によって異なる。正確な数値を調べるには、図の①青線のようにページ分割の境界線に沿って直線を作成し、その直線を選択して②[変形]パネルで[X][Y]の値を確認する。数値の確認ができたら、直線は削除する。

①直線を作成
して選択

② [X] の値を見て水
平の移動距離を確認

13 [レイヤー] パネルですべてのレイヤーを表示する。これで印刷の準備が完了する。

STEP3　ページを印刷し、余白を切り取って貼り合わせる

1 メニューから[ファイル]→[プリント]を選択し、[プリント] ダイアログの[プリント]をクリックして印刷を開始する。

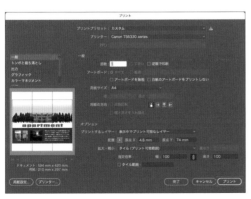

2 出力された用紙の余白部分をガイドに沿って切り取り、スチレンボードにスプレーのりなどで貼り付けて、A2判のプレゼンボードを完成させる。

HINT

A2判のスチレンボードは厳密なA2判サイズよりも若干大きいため、貼り合わせた結果はスチレンボードよりやや小さくなる。最後にスチレンボードを裁断すると、より見栄えがよくなるだろう。

索引

■著者略歴

長嶋 竜一（ながしま りゅういち）

建築・インテリアパースを主として3D製作も行うインハウスデザイナー（日本瓦斯株式会社）。
使用ソフトは、「Adobe Photoshop」「Adobe Illustrator」のほか、「Vectorworks」
「CINEMA 4D」「adobe XD」など。著書に『Shade7から10まで モデリングマスターブック』
『はじめて学ぶVectorworks』（いずれもエクスナレッジ刊）などがある。

建築とインテリアのための
Photoshop＋Illustratorテクニック
2023対応
for Mac & Windows

2023年6月2日　初版第1刷発行

著者　　　　長嶋 竜一

発行者　　　澤井 聖一
発行所　　　株式会社エクスナレッジ
　　　　　　〒106-0032 東京都港区六本木7-2-26
　　　　　　https://www.xknowledge.co.jp/

問合せ先
編集　　FAX 03-3403-0582／info@xknowledge.co.jp
販売　　TEL 03-3403-1321／FAX 03-3403-1829

無断転載の禁止
本誌掲載記事（本文、図表、イラスト等）を当社および著作権者の承諾なしに無断
で転載（翻訳、複写、データベースへの入力、インターネットでの掲載等）することを禁
じます。